小学校　国語科教育法ノート

［第五版］

高木 徹 著

学術図書出版社

目次

第一章　国語科教育の重要性

各教科等の授業時数（学校教育法施行規則別表第一に拠る）

区分		一年	二年	三年	四年	五年	六年
各教科の授業時数	国語	三〇六	三一五	二四五	二四五	一七五	一七五
	社会			七〇	九〇	一〇〇	一〇五
	算数	一三六	一七五	一七五	一七五	一七五	一七五
	理科			九〇	一〇五	一〇五	一〇五
	生活	一〇二	一〇五				
	音楽	六八	七〇	六〇	六〇	五〇	五〇
	図画工作	六八	七〇	六〇	六〇	五〇	五〇
	家庭					六〇	五五
	体育	一〇二	一〇五	一〇五	一〇五	九〇	九〇
	外国語					七〇	七〇
特別の……道徳		三四	三五	三五	三五	三五	三五
外国語活動……				三五	三五		
総合的な学習…				七〇	七〇	七〇	七〇
特別活動の……		三四	三五	三五	三五	三五	三五
総授業時数		八五〇	九一〇	九八〇	一〇一五	一〇一五	一〇一五

課題一　上の表を見て、小学校教育において国語科がどのような位置を占めているか、述べなさい。

課題二　国語教育が重要であるとしたら、それはなぜか。三つ述べなさい。

第二章　文　字

漢字の基礎知識

課題一　漢字の六書とは何か。

課題二　漢字の音と訓とは何か。

課題三　音と訓のうち片方しかない漢字があるが、それはなぜか。

課題四　行事（ぎょうじ）・銀行（ぎんこう）・行灯（あんどん）と音が異なるのはなぜか。

課題五　重箱読み・湯桶読み、とは何か。

課題六　熟字訓とは何か。

課題七　漢数字を使うのはどのようなときか。

課題八　曜日に関する漢字は何年生で学習するか、調べてみよう。

課題九　方角に関する漢字は何年生で学習するか、調べてみよう。

課題一〇　校（一年）・交（二年）のように、構成のより複雑な漢字を先に学習する場合がある。その例を三つ挙げてみよう。

課題一一　明朝体の字体と手書きの字体とは大きく異なることがある。次の漢字の画数に注意しながら、手書きの字体で書いてみよう。

衣　人　北　之　入　道　心

比　仰　糸　言　公　令　外

課題一二　万葉仮名とは何か。

✎ 日本語の基礎知識

課題一　長音・拗音・促音・撥音、とは何か。

課題二　連濁とは何か。

課題三　文語調とは何か。

課題四　歴史的仮名遣いが現代仮名遣いになったのはいつか。

課題五　常体・敬体、とは何か。

課題六　方言に対応する語は何か。

仮名の基礎知識

ひらがなの成り立ち

安 あ	以 い	宇 う	衣 え	於 お
加 か	幾 き	久 く	計 け	己 こ
左 さ	之 し	寸 す	世 せ	曾 そ
太 た	知 ち	川 つ	天 て	止 と
奈 な	仁 に	奴 ぬ	祢 ね	乃 の
波 は	比 ひ	不 ふ	部 へ	保 ほ
末 ま	美 み	武 む	女 め	毛 も
也 や		由 ゆ		与 よ
良 ら	利 り	留 る	礼 れ	呂 ろ
和 わ	為 ゐ		恵 ゑ	遠 を
无 ん				

カタカナの成り立ち

阿 ア	伊 イ	宇 ウ	江 エ	於 オ
加 カ	幾 キ	久 ク	介 ケ	己 コ
散 サ	之 シ	須 ス	世 セ	曾 ソ
多 タ	千 チ	川 ツ	天 テ	止 ト
奈 ナ	二 ニ	奴 ヌ	祢 ネ	乃 ノ
八 ハ	比 ヒ	不 フ	部 ヘ	保 ホ
末 マ	三 ミ	牟 ム	女 メ	毛 モ
也 ヤ		由 ユ		与 ヨ
良 ラ	利 リ	流 ル	礼 レ	呂 ロ
和 ワ	井 ヰ		恵 ヱ	乎 ヲ

課題一　「い・ゐ」「え・ゑ」「お・を」「じ・ぢ」「ず・づ」のように同じ発音の仮名が二種類あるのはなぜか。

課題二　ヤ行やワ行に空欄があるのはなぜか。

課題三　「私は山へ行きました。」という文で、傍線部を「わ・え」と読むのに、「は・へ」と表記するのはなぜか。

✎ ローマ字のつづり方

	A	I	U	E	O			
	a	i	u	e	o			
K	ka	ki	ku	ke	ko	kya	kyu	kyo
S	sa	si shi	su	se	so	sya sha	syu shu	syo sho
T	ta	ti chi	tu tsu	te	to	tya cha	tyu chu	tyo cho
N	na	ni	nu	ne	no	nya	nyu	nyo
H	ha	hi	hu fu	he	ho	hya	hyu	hyo
M	ma	mi	mu	me	mo	mya	myu	myo
Y	ya	(i)	yu	(e)	yo			
R	ra	ri	ru	re	ro	rya	ryu	ryo
W	wa	(i)	(u)	(e)	(o) wo			
N	n							
G	ga	gi	gu	ge	go	gya	gyu	gyo
Z	za	zi ji	zu	ze	zo	zya ja	zyu ju	zyo jo
D	da	(zi) di	(zu) du	de	do	(zya) dya	(zyu) dyu	(zyo) dyo
B	ba	bi	bu	be	bo	bya	byu	byo
P	pa	pi	pu	pe	po	pya	pyu	pyo

1　国語の表記においては，上段が標準である。

2　撥音を表す n と次にくる母音字または y とを切り離す必要がある場合には，n の次に ’ を入れる。（例）tan’i　gen’in　kin’yôbi

3　促音は最初の子音字を重ねて表す。（例）gakkô　kitta　zassi　syuppatu

4　長音は母音字の上に ^ をつけて表す。なお，大文字の場合は母音字を並べてもよい。（例）obâsan　kûki　ôkii　Oosaka

課題　ローマ字つづりにおける，ヘボン式・日本式・訓令式とは何か。

第三章　詩の指導法

阪田寛夫「夕日がせなかをおしてくる」

課題一　この詩を児童に朗読させるとき、どのような工夫をしたらよいか。

課題二　この詩を授業で取り上げるとき、どのような発問をしたらよいか。

草野心平「春のうた」

いぬのふぐり　ゴマノハグサ科の二年草。路傍に自生。茎は長さ五～一五センチメートルで、地を這《は》う。葉は卵円形。早春、葉腋に淡青紫色の小花を一個ずつつける。果実は扁球形で縦に筋があり、短毛が生え、犬の陰嚢《いんのう》に似る。ヒョウタングサ。テンニンカラクサ。［季語］春。（『大辞林』）

課題一　この詩の情景を絵に描いてみよう。

課題二　この詩を授業で取り上げるとき、どのような発問をしたらよいか。

山のあなた

山のあなた

カール・ブッセ／上田敏訳

山のあなたの空遠く
「幸」住むと人のいふ。
ああ、われひとゝ尋《と》めゆきて、
涙さしぐみ、かへりきぬ。
山のあなたになほ遠く
「幸」住むと人のいふ。

海雀

海雀《すずめ》

北原《きたはら》　白秋《はくしゅう》

海雀、海雀、
銀の点点、海雀、
波ゆりくればゆりあげて、
波ひきゆけばかげ失する、
海雀、海雀、
銀の点点、海雀。

海雀　チドリ目ウミスズメ科の海鳥。全長二五センチメートルほど。背面は灰黒色で腹面は白色。冬期海上にみられ、北海道・千島・朝鮮などの離島で繁殖する。（『大辞林』）

課題　右の二編の詩「山のあなた」「海雀」の範読を行うとき、どのようなことに注意したらよいか。

✎金子みすゞの詩三編

星とたんぽぽ

青いお空の底ふかく、
海の小石のそのやうに、
夜がくるまで沈んでる、
昼のお星は眼にみえぬ。
　見えぬけれどもあるんだよ、
　見えぬものでもあるんだよ。

散つてすがれたたんぽぽの、
瓦のすきに、だァまつて、
春のくるまでかくれてる、
つよいその根は眼にみえぬ。
　見えぬけれどもあるんだよ、
　見えぬものでもあるんだよ。

私と小鳥と鈴と

わたしが両手をひろげても、
お空はちつとも飛べないが、
飛べる小鳥はわたしのやうに、
地面《じべた》を速くは走れない。

わたしがからだをゆすつても、
きれいな音は出ないけど、
あの鳴る鈴は私のやうに、
たくさんな唄は知らないよ。

鈴と、小鳥と、それから私、
みんなちがつて、みんないい。

不思議

私は不思議でたまらない、
黒い雲からふる雨が、
銀にひかつてゐることが。

私は不思議でたまらない、
青い桑の葉たべてゐる、
蚕《かひこ》が白くなることが。

私は不思議でたまらない、
たれもいぢらぬ夕顔が、
ひとりでぱらりと開くのが。

私は不思議でたまらない、
誰にきいても笑つてて、
あたりまへだ、といふことが。

第四章　物語の指導法

おおきなかぶ

おおきなかぶ

A・トルストイ再話　内田莉莎子訳

おじいさんが　かぶを　うえました。
「あまい　あまい　かぶになれ。
おおきな　おおきな　かぶになれ」

あまい　げんきのよい
とてつもなく　おおきい
かぶが　できました。

おおきな　かぶ

さいごう　たけひこ・やく

じいさんが　かぶを
うえました。
「あまい　あまい
かぶに　なれ
おおきな　おおきな
かぶに　なれ」

おじいさんは
かぶを　ぬこうと　しました。
うんとこしょ　どっこいしょ
ところが　かぶは　ぬけません。
おじいさんは　おばあさんを　よんできました。
おばあさんが　おじいさんを　ひっぱって、
おじいさんが　かぶを　ひっぱって――
うんとこしょ　どっこいしょ
それでも　かぶは　ぬけません。

（中略）

あまい　あまい
おおきな　おおきな
かぶに　なりました。

じいさんは　かぶを　ぬこうと　しました。
うんとこしょ　どっこいしょ――
ところが　かぶは　ぬけません。

じいさんは　ばあさんを　よんで　きました。

かぶを　じいさんが　ひっぱって
じいさんを　ばあさんが　ひっぱって
うんとこしょ
どっこいしょ――
それでも　かぶは
ぬけません。

（中略）

ねこは　ねずみを　よんできました。

ねずみが　ねこを　ひっぱって、ねこが
いぬを　ひっぱって、いぬが　まごを　ひっぱって、
まごが　おばあさんを　ひっぱって、おばあさんが
おじいさんを　ひっぱって、おじいさんが
かぶを　ひっぱって――
　うんとこしょ
　どっこいしょ

やっと、
かぶは　ぬけました。

A・トルストイ再話　内田莉莎子訳『おおきなかぶ（ロシアの民話）』（一九六二年、福音館書店）に拠る。原文は横書き。

ねこは　ねずみを　よんで　きました。

かぶを　じいさんが　ひっぱって
じいさんを　ばあさんが　ひっぱって
ばあさんを　まごが　ひっぱって
まごを　いぬが　ひっぱって
いぬを　ねこが　ひっぱって
ねこを　ねずみが　ひっぱって
うんとこしょ　どっこいしょ

とうとう
かぶは　ぬけました。

部落問題研究所編　文学読本『はぐるま』1（一九八七年、部落問題研究所）に拠る。

課題　内田莉莎子と西郷竹彦、二人の訳の大きな違いは何か。

学校図書「おおきな　かぶ」　うちだ　りさこ・やく

おじいさんが、かぶの　たねを　まきました。
「あまい　あまい　かぶに　なれ。
おおきな　おおきな　かぶに　なれ。」
あまい、げんきの　よい、
とてつもなく　おおきな　かぶが　できました。

東京書籍「おおきな　かぶ」　うちだ　りさこ　やく

おじいさんが、かぶの　たねを　まきました。
「あまい　あまい　かぶに　なれ。
おおきな　おおきな　かぶに　なれ。」
あまい、げんきの　よい、とてつもなく
おおきい　かぶが　できました。

教育出版「おおきな　かぶ」　うちだ　りさこ　やく

おじいさんが、かぶの　たねを　まきました。
「あまい、あまい　かぶに　なれ。
おおきな、おおきな　かぶに　なれ。」
あまそうな、げんきの　いい、とてつもなく
おおきな　かぶが　できました。

光村図書「おおきな　かぶ」　さいごう　たけひこ

おじいさんが、かぶの
たねを　まきました。
「あまい　あまい　かぶに
なれ。おおきな　おおきな
かぶに　なれ。」

あまい　あまい、
おおきな　おおきな
かぶに　なりました。

課題　内田訳と三社（学図・東書・教出）の教科書本文、西郷訳と光村の教科書本文とを、それぞれ比較しなさい。

✎古事記

いなばの　白うさぎの　お話

むかし　むかし、おきのしまと　いう　小さい　しまに　一ぴきの　白うさぎが　いました。うさぎは、毎日　はまべに出ては、海の　むこうがわに　見える　大きな　りく地に　行きたいものだと、そればかり　かんがえて　いました。そして

ある日、よい　ことを　思いついて、海の　わにざめに　言いました。「きみの　なかまと　ぼくの　なかまと、どちらがおおいか　くらべっこ　しようよ。」

『新しい国語　二上』（東京書籍）に拠る。

古事記物語

福永　武彦

このオオクニヌシノ神には、おかあさんのちがう兄弟の神々が、八十人もありました。この兄弟たちはみないじ悪で、はじめのうちは、オオクニヌシノ神をなにかといってはいじめたのですが、しまいには家来になって、国を治めるしごとをこの神にまかせました。それは次のような次第です。

この兄弟たちにとって、因幡の国に住むヤカミヒメ（八上比売）は、ひょうばんのうつくしいひとでしたから、だれもがお嫁さんにもらいたいと考えていました。そこで一同が連れだって、出雲の国から因幡の国へと、ヤカミ姫にあいに行くことになりました。オオクニヌシノ神はおともをおおせつかって、旅の品物を入れた大きなふくろを背なかにかつぎ、命じられるままに、下男のようにあとに従いました。

こうして一行が、気多《けた》のみさきというところまで来た時のことです。皮をはがれた、はだかのウサギが一ぴき、かわいそうに海岸でふるえていました。するといじの悪い兄弟たちは、ウサギに向かって、

「おい、ウサギ、なんてみじめなかっこうをしているのだ？　もしおまえがもとどおり、毛皮のあるからだになりたいのなら、まず海の水でからだを洗い、風の吹くところでかわかして、高い山のてっぺんでねていれば、それでいいのさ」と、教えました。

ウサギはそれを聞いてすっかり真にうけ、兄弟の神々におしえられたとおりにして、よろこんでねていました。ところが体を洗った塩水がかわいてくるにつれ、赤はだかのからだに風があたって、ひりひりとしみます。そのいたいこと、苦しいこと、

今にも死にそうな声をあげて、山のてっぺんからころがり落ち、海岸でいつまでも泣いていました。

　そこへ通りかかったのが、いちばんおしまいにおともをして来た、心のやさしいオオクニヌシノ神です。

「どうしてそんなに泣いているのかね、ウサギさん？　わけを話してごらん」と、ききました。

　ウサギはそこで答えて言うには、

「わたしは、向こうに見える隠岐の島に住んでいたウサギです。島にいても、なんとかこの土地へ渡って来たいと、日ごろ考えていたのですが、泳ぎのほうはさっぱりだめなのです。すると名案がうかびました。つまり、海にいるワニのやつをだましてやろう、と気がつきました。そこで、おまえたちワニ族と、わたしたちウサギ族と、どっちのほうが数が多いか、くらべてみようじゃないか。それには、おまえたちワニ族が、この島から気多のみさきまで、ずっと一列に並んでごらん。わたしが背なかを一つずつふんで行き、数をかぞえてあげるから。そうすればワニ族とウサギ族と、どっちが多いかわかるというものだ。——このように言ってやりますと、ワニはだまされて、波の上に一列に並びました。わたしはその背なかをふんで、数をかぞえながら海を渡って、もう一息でこっちの地面につくというまぎわに、ほうら、おまえたちをだましてやったぞ！——とつい口にしてしまいました。そうすると、わたしが言いおわらないうちに、いちばんこっちのはしにいたワニのやつが、首をおこしてわたしをつかまえ、わたしのからだの毛皮をすっかりはぎ取ってしまったんです。それで泣いているところに、あなたの兄弟の八十人もの神さまが、海の水を浴びて、風に吹かれてねていれば直ると、おしえてくださったものですから、そのとおりにしてみたら、からだじゅうが前よりもひどくなって、苦しくてしかたがないので、こうして泣いているのです。」

　オオクニヌシノ神はそれを聞くと、さっそく親切におしえてやりました。

「それはかわいそうに。さあ早く、河の水が海に流れこんでいるところまで行って、真水でからだをよく洗いきよめなさい。それから、あたりに生えているガマの花の黄色い花粉を取って来て、それを地面にまき散らして、その上をぐるぐるころげてみてごらん。からだのきずが、きっともとどおりに直るだろうから。」

　ウサギは教えられたとおりにやってみました。そうすると、毛皮のある、きれいなからだになりました。これが因幡の白ウサギで、今でもウサギ神とよばれています。

　ウサギはすっかりよろこび、オオクニヌシノ神に向かって、

「あなたのご兄弟の神さまは、けっしてヤカミ姫をお嫁さんにはもらえないでしょう。あなたはそうやって、いやしいおともの者のように、ふくろなんかを背なかにしょっていらっしゃいますが、ヤカミ姫をおもらいになるのは、きっとあなたですよ。」と、おしえてくれました。

福永武彦作『古事記物語』4「オオクニヌシノ神の冒険」
（岩波少年文庫、一九五七年）に拠る。

【原文】欺海和邇（海のわにを欺きて）
『新編日本古典文学全集1　古事記』（小学館、一九九七年）

課題　「和邇」とは何か。

ヤマトタケルノ命《みこと》

おばさんにわかれを告げて、ヤマトタケルノ命は、遠く東国へ向けて、旅をつづけました。その途中、尾張の国で、ミヤズヒメ（美夜受比売）の家にとまりました。その時、この姫をお嫁さんにもらいたいものだと思いましたが、まだまだ行く先に、どんなあぶない冒険が待っているかもしれないので、役目をおわっての帰り道に、姫をもらおうと思い直しました。そして約束だけをかわして、姫をあとに残し、さらに東へ東へと進みました。そして各地で、山や河にひそみかくれた悪者どもを、はしからうち破りました。

（中略）

それから信濃の国へ行き、美濃の国の伊那へとこえる坂[1]に住んでいる、坂の神を征伐して、木曾川にそってくだり、尾張の国へともどりました。この国で、旅のはじめに、結婚の約束を取りかわした、ミヤズ姫の家に宿をとりました。旅のつかれをねぎらうために、姫がごちそうをつくり、宴会をひらいてもてなしましたから、ヤマトタケルノ命も、久しぶりに、しあわせな時をすごしました。

しかし伊吹山に、悪い神が住んでいると聞きましたので、

「この山の神ぐらいは、素手でもやっつけてやろう」と言って、じきにまた、あぶない冒険に出かけました。大事な草なぎの剣《つるぎ》は、ミヤズ姫のところにわざと残して、山へのぼりました。

すると山の途中で、ウシほどの大きさの、白いイノシシに出あいました。これを見ると、ついばかにして、

「この白いイノシシは、きっと伊吹山に住む神の、家来なのだろう。こんなやつは、今はかんべんしてやって、帰り道にでも、ひねり殺してやろう」と、つぶやきました。

ところがこのイノシシは、けっして家来ではなくて、神が姿をかえたものでした。ばかにされたと知って、ひどく怒りました。そこでヤマトタケルノ命が、山の頂上までのぼった時に、ものすごい雹《ひょう》をふらせて、苦しめました。からだにははげしくふりそそぐので、息もつまるばかり、しまいには気が遠くなるほどでした。それでも、気を取りなおして、玉倉部《たまくらべ》[2]というところまでおりました。清水のわいている木かげで休み、つめたい水で顔を

1　長野県下伊那郡阿智村の神坂峠にあたるという。（『新編日本古典文学全集1　古事記』の頭注による。以下同様。）
2　伊吹山の南麓であることは確かだが、滋賀県坂田郡米原町醒井とも、岐阜県不破郡関ヶ原町玉ともいわれる。

ひやしたりしているうちに、少しずつ正気にかえりました。それからまた歩き出して、ようやく、美濃の当芸野《たぎの》[3]まで来た時に、思わずため息をもらして、

「ふだんは、空を飛んでも行きたいほどの、軽《かる》やかな心でいたものを、今はどうしたことか、足が前へ進もうとはしない。まるでびっこにでもなったように、足が重い」と、つぶやきました。

さらに歩いて行くうちに、疲れがいっそうひどくなったので、杖をついて、のろのろと進みました。それでこの土地を、杖衝《つえつき》坂《ざか》[4]といいます。

そして、やっとのことで、尾津《おつ》[5]のみさきに生えている、一本松までたどりつきました。見ると、行きがけにここで食事をした時に、ついおき忘れて行った太刀が、そのままそこに残っていました。ヤマトタケルノ命は、ここで次のような歌をよみました。

尾張ながめて人待顔の、
尾津のみさきの一本松、おまえ
その一本松、おまえが人なら、
太刀はかせよう、衣《きぬ》もきせよう、
その一本松、おまえのために。

そこからさらに、苦しい旅をつづけて、三重[6]の村までついた時に、またため息をついて、

「わたしの足はこんなにはれあがった。三重にくびれた餅のように、なってしまった」と、つぶやきました。それでこの土地を、三重といいます。

それから、ようやく能煩野《のぼの》[7]までたどりつきました。そこで、今はもう帰りつくことができそうにもない、遠い故郷をしのんで、次のような歌をよみました。

大和は美しい国、なにをこれにくらべよう?
山は山とかさなりあい、
青いかきねをめぐらすよう、
山々にかこまれた、ふるさとの、
大和こそはなつかしい!

また、次のような歌をよみました。

いのちながらえて、ふるさとへ、
帰って行く人たちよ、
平群《へぐり》の山においしげる、

3　岐阜県養老郡の養老の滝付近かという。
4　三重県四日市市采女町から鈴鹿市石薬師町に至る東海道にある坂とし、尾津・三重との間で順路が乱れるとする説が有力。
5　三重県桑名郡多度町の地という。往古は海岸であり、海の向こうに尾張の熱田の地が遠望された。
6　三重県四日市市采女町の地という。
7　三重県鈴鹿郡の鈴鹿山脈の野登山あたりの山麓の地を指すか。

カシの葉取って、髪にさせ、
さして遊べよ、若者たち！

また、次のような歌をよみました。

なつかしいわが家のほうの、
遠い空から、見よ、
雲立ちのぼり、流れてくる。

こののちに、病気がひどく悪くなり、とうとう息がたえました。その前に、尾張で自分の帰りを待っているはずの、ミヤズ姫のことを思いおこして、最後に次のような歌をよみました。

少女の床《とこ》のそばに、
わたしの残して来た、
あの大事な太刀、
あの太刀は？

ヤマトタケル命のなくなったしらせは、早馬《はやうま》の使いによって、じきに都へと送られたました。
大和にいたお后《きさき》たちや御子《みこ》たちは、このしらせを聞いて、はるばると伊勢の国までかけつけて来ました。そしてヤマトタケルノ命のお墓をつくり、そのまわりの田んぼの上で、身をよじらせながら、泣き悲しみました。泣きながら、次のような歌をうたいました。

まわりをかこむ田んぼの中の、
風に吹かれるイネの茎に、
しがみついてはなれない、
イモ蔓のように、わたしたちは。

この時、ヤマトタケルノ命は、八尋《やひろ》もある大きな白鳥《はくちょう》に姿をかえて、お墓の中から飛び立ち、海のほうにむかって空を飛んで行きました。お后たちや御子たちは、それを見ると、ササの切株に足を取られて、切傷のできるのもいとわず、泣く泣く、白鳥のあとを追いかけました。その時の歌というのは、

ササおい茂る荒野原、
急ぎたくても、急げない、
空とぶ鳥でない身には、
這って歩くがなさけない。

白鳥《はくちょう》はそのあいだに、海のほうへと飛んで行きましたから、あとを追うお后たちは、海に足をふみ入れて、水の中を歩いて行きました。その時の歌は、

海べに出れば水の上、
急ぎたくても、急げない、
水のおもての水草の、
波のまにまにゆれ動くよう。

また、白鳥《はくちょう》が飛び立って、磯の上におりて来た時に、うたった歌は、

浜の千鳥よ、浜べは飛ばず、
なぜに磯づたいに飛んでいく？

この四つの歌は、どれも、ヤマトタケルノ命のお葬式に、うたった歌です。今でも天皇のお葬式にはこの歌をうたいます。

白鳥《はくちょう》は、伊勢の国から、空を飛んで、とうとう河内《かわち》の国の、志幾《しき》というところまで行って、羽をやすめました。そこでこの土地に、墓をつくって、白鳥《しらとり》のみさざぎと呼びました。けれども白鳥は、そこからまた天にかけあがって、行方も知らず飛び去ってしまいました。

これが、父の天皇から愛されることのなかった、不幸な御子の物語です。

福永武彦作『古事記物語』13「ヤマトタケルノ命《みこと》の冒険」（岩波少年文庫、一九五七年）に拠る。

【原文】於是、化八尋白智鳥、翔天而、向浜飛行。
（是《ここ》に、八尋《やひろ》の白ち鳥と化《な》り、天《あめ》に翔《かけ》りて、浜に向ひて飛び行きき。）
注……白い千鳥か、白鳥か、説が分れるが、前者をとる。
『新編日本古典文学全集1　古事記』（小学館、一九九七年）

【原文】時日本武尊化白鳥、従陵出之、指倭国而飛之。
（時に日本武尊、白鳥《しろとり》に化《な》りたまひて、陵《みささぎ》より出でて、倭国《やまとのくに》を指して飛びたまふ。）
注……霊的な白色の鳥ゆえシロトリと訓む。
『新編日本古典文学全集2　日本書紀①』（小学館、一九九四年）

✎ごん狐

ごん狐《ぎつね》

新美　南吉

一

これは、私が小さいときに、村の茂平といふおぢいさんからきいたお話です。

　むかしは、私たちの村のちかくの、中山といふところに小さなお城があつて、中山さまといふおとのさまが、をられたさうです。

　その中山から、少しはなれた山の中に、「ごん狐」と言ふ狐がゐました。ごんは、一人ぼつちの小狐で、しだの一ぱいしげつた森の中に穴をほつて住んでゐました。そして、夜でも昼でも、あたりの村へ出て来て、いたづらばかりしました。はたけへはいつて芋

新美南吉　スパルタノート

権狐　「赤い鳥に投ず」

茂助と云ふお爺さんが、私達の小さかつた時、村にゐました。「茂助爺」と私達は呼んでゐました。茂助爺は、年とつてゐて、仕事が出来ないから子守ばかりしてゐました。若衆倉《わかいしゆぐら》の前の日溜で、私達はよく茂助爺と遊びました。

私はもう茂助爺の顔を覚えてゐません。唯、茂助爺が　夏みかんの皮をむく時の手の大きかつた事だけ覚えてゐます。茂助爺は、若い時、猟師だつたさうです。私が、次にお話するのは、私が小さかつた時、若衆倉の前で、茂助爺からきいた話なんです。

一

むかし、徳川様が世をお治めになつてゐられた頃に、中山に、小さなお城があつて、中山様と云ふお殿さまが、少しの家来と住んでゐられました。

　その頃、中山から少し離れた山の中に、権《ごん》狐と云ふ狐がゐました。権狐は、一人ぼつちの小さな狐で、いささぎの一ぱい繁つた所に、洞を作つて、その中に住んでゐました。そして、夜でも昼

をほりちらしたり、菜種がらの、ほしてあるのへ火をつけたり、百姓家の裏手につるしてあるとんがらしをむしりとつて、いつたり、いろんなことをしました。

　或秋のことでした。二三日雨がふりつゞいたその間《あひだ》、ごんは、外へも出られなくて穴の中にしやがんでゐました。

　雨があがると、ごんは、ほつとして穴からはひ出《で》ました。空はからつと晴れてゐて、百舌鳥《もず》の声がきん〳〵、ひゞいてゐました。

　ごんは、村の小川の堤まで出て来ました。あたりの、すゝきの穂には、まだ雨のしづくが光つてゐました。川はいつもは水が少いのですが、三日もの雨で、水が、どつとましてゐました。たゞのときは水につかることのない、川べりのすゝきや、萩の株が、黄いろくにごつた水に横だほしになつて、もまれてゐます。ごんは川下の方へと、ぬかるみみちを歩いていきました。

　ふと見ると、川の中に人がゐて、何かやつてゐます。ごんは、見つからないやうに、そうつと草の深いところへ歩きよつて、そこからじつとのぞいて見ました。

「兵《ひやう》十だな。」と、ごんは思ひました。兵十はぼろ〳〵の黒いきものをまくし上げて、腰のところまで水にひたりながら、魚をとる、はりきりといふ、網をゆすぶつてゐました。はちまきをした顔の横つちように、まるい萩の葉が一まい、大きな黒子《ほくろ》みたいにへばりついてゐました。

　しばらくすると、兵十は、はりきり網の一ばんうしろの、袋のやうになつたところを、水の中からもちあげました。その中には、

でも、洞を出て来て悪戯ばかりしました。畑へ行つて、芋を掘つたり、菜種殻に火をつけたり、百姓家の背戸につるしてある唐辛子をとつて来たりしました。

　それは或秋のことでした。二三日雨がふりつゞいて、権狐は、外へ出たくてたまらないのをがまんして、洞穴の中にかゞんでゐました。雨があがると、権狐はすぐ洞を出ました。空はからつとはれてゐて、百舌鳥《もず》の声がけたたましく、ひゞいてゐました。

　権狐は、背戸川の堤に来ました。ちがやの穂には、まだ雨のしづくがついて、光つてゐました。背戸川はいつも水の少い川ですが、二三日の雨で、水がどつと増してゐました。黄く濁つた水が、いつもは水につかつてゐない所の芒や、萩の木を横に倒しながら、どんどん川下へ流れて行きました。権狐も、川下へ、ぱちやぱちやと、ぬかるみを歩いて行きました。

　ふと見ると、川の中に人がゐて何かやつてゐます。権狐は、見つからない様に、そーつと草の深い方へ歩いて行つて、其処からそちらを見ました。

「兵十だな。」

　と権狐は思ひました。

　兵十は、ぬれた黒い着物を着て、腰から下を川水にひたしながら、川の中で、はりきりと云ふ、魚をとる網をゆすぶつてゐました。鉢巻きをした顔の横に、円い萩の葉が一枚、大きな黒子《ほくろ》みたいにはりついてゐました。

　しばらくすると、兵十は、はりきり網の一番うしろの、袋の様

芝の根や、草の葉や、くさつた木ぎれなどが、ごちや〳〵はいつてゐましたが、でもところ〴〵、白いものがきら〳〵光つてゐます。それは、ふというなぎの腹や、大きなきすの腹でした。兵十は、びくの中へ、そのうなぎやきすを、ごみと一しよにぶちこみました。そして又、袋の口をしばつて、水の中へ入れました。

兵十はそれから、びくをもつて川から上《あが》りびくを土手においといて、何をさがしにか、川上の方へかけていきました。

兵十がゐなくなると、ごんは、ぴよいと草の中からとび出して、びくのそばへかけつけました。ちよいと、いたづらがしたくなつたのです。ごんはびくの中の魚をつかみ出しては、はりきり網のかゝつてゐるところより下手の川の中を目がけて、ぽん〳〵なげこみました。どの魚も、「とぼん」と音を立てながらにごつた水の中へもぐりこみました。

一ばんしまひに、太いうなぎをつかみにかかりましたが、何しろぬる〳〵とすべりぬけるので、手ではつかめません。ごんはじれつたくなつて、頭をびくの中につッこんで、うなぎの頭を口にくはへました。うなぎは、キユッと言つて、ごんの首へまきつきました。そのとたんに兵十が、向うから、

「うわァぬすと狐《ぎつね》め。」と、どなりたてました。ごんは、びつくりしてとびあがりました。うなぎをふりすてゝにげようとしましたが、うなぎは、ごんの首にまきついたまゝはなれません。ごんはそのまゝ横つとびにとび出して一しようけんめいに、にげていきました。

になつた所を水の中から持ちあげました。その中には、芝の根や、草の葉や、木片などが、もぢやもぢやしてゐましたが、所々、白いものが見えました。それは、太いうなぎの腹や、大きなきすの腹でした。兵十は、魚籠の中へ、ごみも一緒に、その鰻やきすを入れました。そして又、袋の口を縛つて、水の中に入れました。

兵十は魚籠を持つて川から上りました。そして、魚籠をそこに置くと、着物の端から、ポトポトと雫を落しながら、川上の方へ何か見に行きました。

兵十がゐなくなると、権狐はぴよいと草の中からとび出して行きました。魚籠には蓋がなかつたので、中に何があるか、わけなく見えました。権狐は、ふといたづら心が出て、魚籠の中の魚を拾ひ出して、はりきり網より下の川の中へほりこみました。どの魚も、「とぼん！」と音を立てながら、にごつた水の中に見えなくなりました。一番お終ひに、あの太い鰻を摑まうとしましたが、この鰻はぬるぬるして、ちつとも権狐の手には　まりません。権狐は一生懸命になつて、鰻をつかまうとしました。遂々、権狐は、頭を魚籠の中につゝ込んで、鰻の頭をくわへました。鰻は、「キユツ」と云つて、権狐の首にまきつきました。その時兵十の声が、

「このぬすっと狐めが！」と、すぐ側でどなりました。

権狐はとびあがりました。鰻をすてゝ逃げようとしました。けれど鰻は、権狐の首にまきついてゐてはなれません。権狐はそのまま、横つとびにとんで、自分の洞穴の方へ逃げました。

洞穴近くの、はんの木の下でふり返つて見ましたが、兵十は追

ほら穴の近くの、はんの木の下でふりかへつて見ましたが、兵十は追つかけては来ませんでした。

ごんは、ほつとして、うなぎの頭をかみくだき、やつとはづして穴のそとの、草の葉の上にのせておきました。

二

十日ほどたつて、ごんが、弥助《やすけ》といふお百姓の家《うち》の裏をとほりかゝりますと、そこの、いちぢくの木のかげで、弥助の家内が、おはぐろをつけてゐました。鍛冶屋の新兵衛の家《うち》のうらをとほると、新兵衛の家内が、髪をすいてゐました。ごんは、

「ふゝん、村に何かあるんだな。」と思ひました。

「何《なん》だらう、秋祭かな。祭なら、太鼓や笛の音がしさうなものだ。それに第一、お宮にのぼりが立つはずだが。」

こんなことを考へながらやつて来ますと、いつの間にか、表に赤い井戸のある、兵十の家《うち》の前へ来ました。その小さな、こはれかけた家《いへ》の中には、大勢の人があつまつてゐました。よそいきの着物を着て、腰に手拭《てぬぐひ》をさげたりした女たちが、表のかまどで火をたいてゐます。大きな鍋の中では、何かぐづ〱煮えてゐました。

「あゝ、葬式だ。」と、ごんは思ひました。

「兵十の家《うち》のだれが死んだんだらう。」

お午《ひる》がすぎると、ごんは、村の墓地へいつて、六《ろく》地蔵さんのか

つて来ませんでした。

権狐は、ほつとして、鰻を首から離して、洞の入口の、いささぎの葉の上にのせて置いて洞の中にはいりました。

鰻のつるつるしたはらは、秋のぬくたい日光にさらされて、白く光つてゐました。

二

十日程たつて、権狐が、弥助と云ふお百姓の家の背戸を通りかゝると、そこの無花果の木のかげで、弥助の妻が、おはぐろで歯を黒く染めてゐました。

鍛冶屋の新兵エの家の背戸を通ると、新兵エの妻が、髪を梳つてゐました。

権狐は、

「村に何かあるんだな。」と思ひました。「一体、何だらう、秋祭だらうか——。でも秋祭なら、太鼓や笛の音が、しさうなものだ。そして第一、お宮にのぼりが立つからすぐ分る。」

こんな事を考へ乍らやつて来ると、いつの間にか、表に赤い井戸のある、兵十の家の前に来ました。兵十の小さな、こはれかけの家の中に、大勢の人が這入つてゐました。腰に手拭をさげて、常とは好い着物を着た人達が、表の、かまどで火をくべてゐました。

大きな、はそれの中では、何かぐつぐつ煮えてゐました。

「あゝ、葬式だ。」

権狐はさう思ひました。こんな事は葬式の時だけでしたから、権

げにかくれてゐました。いゝお天気で、遠く向うにはお城の屋根瓦が光つてゐます。墓地には、ひがん花《ばな》が、赤い布《きれ》のやうにさきつゞいてゐました。と、村の方から、カーン、カーンと鐘が鳴つて来ました。葬式の出る合図です。

やがて、白い着物を着た葬列のものたちがやつて来るのがちら〳〵見えはじめました。話声も近くなりました。葬列は墓地へはいつて来ました。人々が通つたあとには、ひがん花が、ふみをられてゐました。

ごんはのびあがつて見ました。兵十が、白いかみしもをつけて、位牌をさゝげてゐます。いつもは赤いさつま芋みたいな元気のいゝ顔が、けふは何《なん》だかしほれてゐました。

「はゝん、死んだのは兵十のお母《つかあ》だ。」

ごんはさう思ひながら、頭をひつこめました。

その晩、ごんは、穴の中で考へました。

「兵十のお母は、床についてゐて、うなぎが食べたいと言つたにちがひない。それで兵十がはりきり網をもち出したんだ。ところが、わしがいたづらをして、うなぎをとつて来てしまつた。だから兵十は、お母にうなぎを食べさせることが出来なかつた。そのまゝお母は、死んぢやつたにちがひない。あゝ、うなぎが食べたい、うなぎが食べたいとおもひながら、死んだんだらう。ちよッ、あんないたづらをしなけりやよかつた。」

狐にすぐ解りました。

「それでは誰が死んだんだらう。」とふと権狐は考へました。

けれど、いつまでもそんな所にゐて、見つかつては大変ですから、権狐は、兵十の家の前をこつそり去つて行きました。

お正午がすぎると、権狐は、お墓へいつて六地蔵さんのかげに隠れてゐました。いゝ日和で、お城の屋根瓦が光つてゐました。お墓には、彼岸花が、赤いにしきの様に咲いてゐました。

さつきから、村の方で、

「カーン、カーン」と鐘が鳴つてゐました。葬式の出る合図でした。

やがて、墓地の方へ、やつて来る葬列の白い着物が、ちらちら見え始めました。鐘の音はやんで了ひました。話声が近くなりました。

葬列は墓地の中へ這入つて来ました。人々が通つたあと、彼岸花は折れてゐました。

権狐はのびあがつて見ました。

兵十が、白い裃をつけて、位牌を捧げてゐました。いつものさつま芋みたいに元気のいい顔が、何だかしをれてゐました。

「それでは、死んだのは、兵十のおつ母だ。」

権狐はさう思ひながら、六地蔵さんのかげへ、頭をひつこめました。

その夜、権狐は、洞穴の中で考へてゐました。

「兵十のおつ母は、床にふせつてゐて、鰻が喰べたいと云つたに

三

兵十が、赤い井戸のところで、麦をといでゐました。

兵十は今まで、お母と二人きりで貧しいくらしをしてゐたもので、お母が死んでしまつては、もう一人ぼつちでした。

「おれと同じ一人ぼつちの兵十か。」

こちらの物置の後《うしろ》から見てゐたごんは、さう思ひました。

ごんは物置のそばをはなれて、向うへいきかけますと、どこかで、いわしを売る声がします。

「いわしのやすうりだァい。いきのいゝいわしだァい。」

ごんは、その、いせいのいゝ声のする方へ走つていきました。と、弥助のおかみさんが裏戸口から、

「いわしをおくれ。」と言ひました。いわし売《うり》は、いわしのかごをつんだ車を、道ばたにおいて、ぴか〱光るいわしを両手でつかんで、弥助の家《うち》の中へもつてはいりました。ごんはそのすきまに、かごの中から、五六ぴきのいわしをつかみ出して、もと来た方へ

違ひない。それで兵十は、はりきり網を持ち出して、鰻をとらまへた。所が、自分が悪戯して、鰻をとつて来て了つた。だから兵十は、おつ母に鰻を喰べさせる事が出来なかつた。それでおつ母は、死んぢやつたに違ひない。鰻が喰べたい、鰻が喰べたいと云ひながら、死んぢやつたに違ひない。あんな悪戯をしなけりやよかつたなー。」

こほろぎが、ころろ、ころろと、洞穴の入口で時々鳴きました。

三

兵十は、赤い井戸の所で、麦を研いでゐました。兵十は今まで、おつ母と二人きりで、貧しい生活《くらし》をしてゐたので、おつ母が死んで了ふともう一人ぼつちでした。

「俺と同じ様に一人ぼつちだ」

兵十が麦を研いでるのを、こつちの納屋の後から見てゐた権狐はさう思ひました。

権狐は、納屋のかげから、あちらの方へ行かうとすると、どこかで、鰯を売る声がしました。

「鰯のだらやす――。いわしだ――。」

権狐は、元気のいゝ声のする方へ走つていきました。芋畑の中を。

弥助のおかみさんが、背戸口から、

「鰯を、くれ。」と云ひました。鰯売は、鰯のはいつた車を、道の横に置いて、ぴかぴか光る鰯を両手で摑んで、弥助の家の中へ持

かけ出しました。そして、兵十の家《うち》の裏口から、家《うち》の中へいわしを投げこんで、穴へ向つてかけもどりました。途中の坂の上でふりかへつて見ますと、兵十がまだ、井戸のところで麦をといでゐるのが小さく見えました。

ごんは、うなぎのつぐなひに、まづ一つ、い丶ことをしたと思ひました。

つぎの日には、ごんは山で栗をどつさりひろつて、それをか丶へて、兵十の家《うち》へいきました。裏口からのぞいて見ますと、兵十は、午飯《ひるめし》をたべかけて、茶椀をもつたま丶、ぼんやりと考へこんでゐました。へんなことには兵十の頬《ほつ》ぺたに、かすり傷がついてゐます。どうしたんだらうと、ごんが思つてゐますと、兵十がひとりごとをいひました。

「一たいだれが、いわしなんかをおれの家《うち》へほうりこんでいつたんだらう。おかげでおれは、盗人《ぬすびと》と思はれて、いわし屋のやつに、ひどい目にあはされた。」と、ぶつ〳〵言つてゐます。

ごんは、これはしまつたと思ひました。かはいさうに兵十は、いわし屋にぶんなぐられて、あんな傷までつけられたのか。

ごんはかうおもひながら、そつと物置の方へまはつてその入口に、栗をおいてかへりました。

つぎの日も、そのつぎの日もごんは、栗をひろつては、兵十の家《うち》へもつて来てやりました。そのつぎの日には、栗ばかりでなく、まつたけも二三ぼんもつていきました。

つて行きました。そのひまに、権狐は、車の中から、五六匹の鰯をかき出して、また、もと来た方へ駈けだしました。そして、兵十の家の背戸口から、家の中へ投げこんで、洞穴へ一目散にはしりました。はんの木の所で立ち止つて、ふりかへつて見ると、兵十が、まだ、井戸の所で麦をといでるのが小く見えました。

権狐は、何か好い事をした様に思へました。

次の日には、権狐は山へ行つて、栗の実を拾つて来ました。それを持つて、兵十の家へ行きました。背戸口から覗いて見ると、丁度正午だつたので、兵十は、お正午飯の所でした。兵十は茶椀をもつたま丶、ぼんやりと考へてゐました。

変な事には、兵十の頬ぺたに、擦り傷がついてゐました。どうしたんだらうと権狐が思つてゐると、兵十が独語《ひとりごと》を云ひました。

「いくら考へても分らない、一体誰が、鰯なんかを、俺の家へほりこんで行つたんだらう。お蔭で俺は、盗人と思はれて、あの鰯屋に、ひどい目に合はされた。」

まだぶつぶつ云つてゐました。

権狐は、これはしまつたと思ひました。可哀さうに、兵十は、鰯屋にひどい目に合はされて、あんな頬ぺたの傷までつけられたんだな——。

権狐は、そーつと納屋の方へまわつて、納屋の入口に、持つて来た栗の実を置いて、洞に帰りました。

次の日も次の日も、ずーつと権狐は、栗の実を拾つて来ては、兵十が知らんでるひまに、兵十の家に置いて来ました。栗ばかりで

四

月のいゝ晩でした。ごんは、ぶら〳〵あそびに出かけました。中山さまのお城の下を通つてすこしいくと、細い道の向うから、だれか来るやうです。話声が聞えます。チンチロリン、チンチロリンと松虫が鳴いてゐます。

　ごんは、道の片がはにかくれて、ぢつとしてゐました。話声はだん〳〵近くなりました。それは、兵十と加助《かすけ》といふお百姓でした。

「さう〳〵、なあ加助。」と、兵十がいひました。

「あゝん?」

「おれあ、このごろ、とても、ふしぎなことがあるんだ。」

「何が?」

「お母が死んでからは、だれだか知らんが、おれに栗やまつたけなんかを、まいにち〳〵くれるんだよ。」

「ふうん、だれが?」

「それがわからんのだよ。おれの知らんうちに、おいていくんだ。」

　ごんは二人のあとをつけていきました。

「ほんとかい?」

「ほんとだとも。うそと思ふなら、あした見に来いよ。その栗を見せてやるよ。」

はなく、きの子や、薪を持つて行つてやる事もありました。そして権狐は、もう悪戯をしなくなりました。

四

月のいゝ夜に、権狐は、あそびに出ました。中山様のお城の下を通つてすこし行くと、細い往来の向ふから、誰か来る様でした。話声が聞えました。

「チンチロリン　チンチロリン」

松虫がどこかその辺で鳴いてゐました。

権狐は、道の片側によつて、ぢつとしてゐました。話声はだんだん近くなりました。それは、兵十と、加助といふ百姓の二人でした。

「なあ加助。」と兵十が云ひました。

「ん」

「俺あ、とても不思議なことがあるんだ」

「何が?」

「おつ母が死んでから、誰だか知らんが、俺に栗や、木の子や、何かをくれるんだ。」

「ふ――ん、だれがくれるんだ?」

「いや、それが解らんだ、知らんでるうちに、置いて行くんだ」

権狐は、二人のあとをついて行きました。

「ほんとかい?」

加助が、いぶかしさうに云ひました。

「へえ、へんなこともあるもんだなア。」

それなり、二人はだまつて歩いていきました。

加助がひよいと、後《うしろ》を見ました。ごんはびくつとして、小さくなつてたちどまりました。加助は、ごんには気がつかないで、そのまゝさつさとあるきました。吉兵衛《きちべゑ》といふお百姓の家《うち》まで来ると、二人はそこへはいつていきました。ポン〳〵ポン〳〵と木魚の音がしてゐます。窓の障子にあかりがさしてゐて、大きな坊主頭がうつつて動いてゐました。ごんは、

「おねんぶつがあるんだな。」と思ひながら井戸のそばにしやがんでゐました。しばらくすると、また三人ほど、人がつれだつて吉兵衛の家《うち》へはいつていきました。お経を読む声がきこえて来ました。

五

ごんは、おねんぶつがすむまで、井戸のそばにしやがんでゐました。兵十と加助はまた一しよにかへつていきます。ごんは、二人の話をきかうと思つて、ついていきました。兵十の影法師をふみ〳〵いきました。

お城の前まで来たとき、加助が言ひ出しました。

「さつきの話は、きつと、神さまのしわざだぞ。」

「えつ?」と、兵十はびつくりして、加助の顔を見ました。

「おれは、あれからずつと考へてゐたが、どうも、それや、人間ぢ

「ほんとだとも。嘘と思ふなら、あした見に来い、その栗を見せてやるから」

「変だな——」

それなり、二人は黙つて歩いて行きました。

ひよいと、加助が後を見ました。権狐はびくつとして、道ばたに小くなりました。加助は、何も知らないで、又前を向いて行きました。

吉兵エと云ふ百姓の家まで来ると、二人はそこへはいつて行きました。

「モク、モクモク、モクモク」と木魚の音がしてゐました。窓の障子にあかりがさしてゐました。そして、大きな坊主頭が、うつつて動いてゐました。権狐は、「お念仏があるんだな」と思ひました。権狐は井戸の側にしやがんでゐました。しばらくすると、また三人程、人がつれだつて吉兵エの家へはいつて行きました。お経を読む声がきこえて来ました。

権狐は、お念仏がすむまで、井戸の側にしやがんでゐました。お念仏がすむと、また、兵十と加助は一緒になつて、帰つて行きました。権狐は、二人の話をきかうと思つて、ついて行きました。兵十の影法師をふむで行きました。

中山様のお城の前まで来た時、加助がゆつくり云ひだしました。

「きつと、そりやあ、神様のしわざだ。」

「えつ？」兵十はびつくりして、加助の顔を見ました。

「俺は、あれからずつと考へたが、どう考へても、それや、人間

やない、神さまだ、神さまが、お前《まへ》がたつた一人になつたのをあはれに思はつしやつて、いろんなものをめぐんで下さるんだよ。」

「さうかなあ。」

「さうだとも。だから、まいにち神さまにお礼を言ふがいゝよ。」

「うん。」

ごんは、へえ、こいつはつまらないなと思ひました。おれが、栗や松たけを持つていつてやるのに、そのおれにはお礼をいはないで、神さまにお礼をいふんぢやァおれは、引き合はないなあ。

六

そのあくる日もごんは、栗をもつて、兵十の家《うち》へ出かけました。兵十は物置で縄をなつてゐました。それでごんは家《うち》の裏口から、こつそりと中へはいりました。

そのとき兵十は、ふと顔をあげました。と狐が家《うち》の中へはいつたではありませんか。こなひだうなぎをぬすみやがつたあのごん狐めが、またいたづらをしに来たな。

「ようし。」

兵十は、立ちあがつて、納屋にかけてある火縄銃をとつて、火薬をつめました。

そして足音をしのばせてちかよつて、今戸口を出ようとするごんを、ドンと、うちました。ごんは、ばたりとたほれました。兵十はかけよつて来ました。家《うち》の中を見ると土間に栗が、かためて

ぢやねえ、神様だ、神様が、お前が一人になつたのを気の毒に思つて栗や、何かをめぐんで下さるんだ」と加助が云ひました。

「さうかなあ。」

「さうだとも。だから、神様に毎日お礼云つたが好い。」

「うん」

権狐は、つまんないなと思ひました。自分が、栗やきのこを持つて行つてやるのに、自分にはお礼云はないで、神様にお礼を云ふなんて。いつそ神様がなけりやいゝのに。

権狐は、神様がうらめしくなりました。

五

その日も権狐は、栗の実を拾つて、兵十の家へ持つて行きました。兵十は、納屋で縄をなつてゐました。それで権狐は背戸へまわつて、背戸口から中へはいりました。

兵十はふいと顔をあげた時、何だか狐が家の中へはいるのを見とめました。兵十は、あの時の事を思ひ出しました。鰻を権狐にとられた事を。きつと今日も、あの権狐が悪戯をしに来たに相違ない――。

「ようし！」

兵十は、立ちあがつて、丁度納屋にかけてあつた火縄銃をとつて、火薬をつめました。そして足音をしのばせて行つて、今背戸口から出て来ようとする権狐を

「ドン！」

おいてあるのが目につきました。

「おや。」と兵十は、びつくりしてごんに目を落しました。

「ごん、お前《まい》だつたのか。いつも栗をくれたのは。」

ごんは、ぐつたりと目をつぶつたまゝ、うなづきました。

兵十は、火縄銃をばたりと、とり落しました。青い煙が、まだ筒口から細く出てゐました。

『校定　新美南吉全集　第三巻』（大日本図書、一九八〇）に拠る。旧字は新字に改め、ルビは適宜省略した。

とうつて了ひました。

権狐は、ばつたり倒れました。兵十はかけよつて来ました。所が兵十は、背戸口に、栗の実が、いつもの様に、かためて置いてあるのに眼をとめました。

「おや——。」

兵十は権狐に眼を落しました。

「権、お前だつたのか……、いつも栗をくれたのは——。」

権狐は、ぐつたりなつたまゝ、うれしくなりました。兵十は、火縄銃をばつたり落しました。まだ青い煙が、銃口から細く出てゐました。

一九三一・一〇・四、

『校定　新美南吉全集　第十巻』（大日本図書、一九八一）に拠る。旧字は新字に改めた。なお「スパルタノート」に記された南吉手書きの草稿は、半田市立岩滑小学校のホームページで見られる。

課題一　この物語の季節はいつか。その季節を示す言葉を五つ、本文中からみつけなさい。

課題二　上段の「六」を読み、ごんと兵十の動きを図示しなさい。

注文の多い料理店

注文の多い料理店

宮澤　賢治

二人の若い紳士が、すつかりイギリスの兵隊のかたちをして、ぴか〳〵する鉄砲をかついで、白熊のやうな犬を二疋つれて、だいぶ山奥の、木《き》の葉のかさ〳〵したとこを、こんなことを云ひながら、あるいてをりました。

「ぜんたい、こゝらの山は怪《け》しからんね。鳥も獣も一疋も居《ゐ》やがらん。なんでも構はないから、早くタンタアーンと、やつて見たいもんだなあ。」

「鹿の黄いろな横つ腹《ぱら》なんぞに、二三発《ぱつ》お見舞もうしたら、ずゐぶん痛快だらうねえ。くる〳〵まはつて、それからどたつと倒《たふ》れるだらうねえ。」

それはだいぶの山奥でした。案内してきた専門の鉄砲打ちも、ちよつとまごついて、どこかへ行つてしまつたくらゐの山奥でした。

それに、あんまり山が物凄いので、その白熊のやうな犬が、二疋いつしよにめまひを起して、しばらく吠《うな》つて、それから泡を吐いて死んでしまひました。

「じつにぼくは、二千四百《びやく》円の損害だ」と一人の紳士が、その犬の眼《ま》ぶたを、ちよつとかへしてみて言ひました。

「ぼくは二千八百円の損害だ。」と、もひとりが、くやしさうに、あたまをまげて言ひました。

はじめの紳士は、すこし顔いろを悪くして、ぢつと、もひとりの紳士の、顔つきを見ながら云ひました。

「ぼくはもう戻らうとおもふ。」

「さあ、ぼくもちやうど寒くはなつたし腹は空いてきたし戻らうとおもふ。」

「そいぢや、これで切りあげやう。なあに戻りに、昨日の宿屋で、山鳥を拾円も買つて帰ればいゝ。」

「兎もでてゐたねえ。さうすれば結局おんなじこつた。では帰らうぢやないか」

ところがどうも困つたことは、どつちへ行けば戻れるのか、いつかう見当がつかなくなつてゐました。

風がどうと吹いてきて、草はざわざわ、木《き》の葉はかさかさ、木はごとんごとんと鳴りました。

「どうも腹が空いた。さつきから横つ腹が痛くてたまらないんだ。」

「ぼくもさうだ。もうあんまりあるきたくないな。」

「あるきたくないよ。あゝ困つたなあ、何かたべたいなあ。」

「喰べたいもんだなあ」

二人の紳士は［、］ざわざわ鳴るすゝきの中で、こんなことを云ひました。

　その時ふとうしろを見ますと、立派な一軒の西洋造《づく》りの家《うち》がありました。

　そして玄関には

RESTAURANT
西洋料理店
WILDCAT HOUSE
山猫軒

といふ札《ふだ》がでてゐました。

「君、ちやうどいゝ。こゝはこれでなかなか開《ひら》けてるんだ。入らうぢやないか［」］

「おや、こんなとこにおかしいね。しかしとにかく何か食事ができるんだらう」

「もちろんできるさ。看板にさう書いてあるぢやないか」

「はいらうぢやないか。ぼくはもう何か喰べたくて倒れさうなんだ。」

　二人は玄関に立ちました。玄関は白い瀬戸の煉瓦《れんぐわ》で組んで、実に立派なもんです。

　そして硝子の開き戸がたつて、そこに金文字でかう書いてありました。

「どなたもどうかお入りください。決してご遠慮はありません」

　二人はそこで、ひどくよろこんで言ひました。

「こいつはどうだ、やつぱり世の中はうまくできてるねえ、けふ一日なんぎしたけれど、こんどはこんないゝこともある。このうちは料理店だけれどもたゞでご馳走するんだぜ。」

「どうもさうらしい。決してご遠慮はありませんといふのはその意味だ。」

　二人は戸を押して、なかへ入りました。そこはすぐ廊下になつてゐました。その硝子戸の裏側には、金文字でかうなつてゐました。

「ことに肥《ふと》つたお方や若いお方は、大歓迎します」

　二人は大歓迎といふので、もう大よろこびです。

「君、ぼくらは大歓迎にあたつてゐるのだ。」

「ぼくらは両方兼ねてるから」

　ずんずん廊下を進んで行きますと、こんどは水いろのペンキ塗りの扉《と》がありました。

「どうも変な家だ。どうしてこんなにたくさん戸があるのだらう。」

「これはロシア式だ。寒いとこや山の中はみんなかうさ。」

　そして二人はその扉《と》をあけやうとしますと、上に黄いろな字でかう書いてありました。

「当軒は注文の多い料理店ですからどうかそこはご承知ください」

「なかなかはやつてるんだ。こんな山の中で。」

「それあさうだ。見たまへ、東京の大きな料理屋だつて大通りにはすくないだらう」

二人は云ひながら、その扉をあけました。するとその裏側に、

「注文はずゐぶん多いでせうがどうか一々こらえて下さい。」

「これはぜんたいどういふんだ。」ひとりの紳士は顔をしかめました。

「うん、これはきつと注文があまり多くて支度が手間取るけれどもごめん下さいと斯《か》ういふことだ。」

「さうだらう。早くどこか室《へや》の中にはいりたいもんだな。」

「そしてテーブルに座りたいもんだな。」

ところがどうもうるさいことは、また扉が一つありました。そしてそのわきに鏡がかゝつて、その下には長い柄《え》のついたブラシが置いてあつたのです。

扉には赤い字で、

「お客さまがた、こゝで髪をきちんとして、それからはきもの、泥を落してください。」と書いてありました。

「これはどうも尤《もつと》もだ。僕もさつき玄関で、山のなかだとおもつて見くびつたんだよ」

「作法の厳しい家《うち》だ。きつとよほど偉い人たちが、たびたび来るんだ。」

そこで二人は、きれいに髪をけづつて、靴の泥を落しました。

そしたら、どうです。ブラシを板の上に置くや否や、そ［い］つがぼうつとかすんで無くなつて、風がどうつと室《へや》の中に入つてきました。

二人はびつくりして、互《たがひ》によりそつて、扉をがたんと開けて、次の室へ入つて行きました。早く何か暖《あたゝか》いものでもたべて、元気をつけて置かないと、もう途方もないことになつてしまふと、二人とも思つたのでした。

扉の内側に、また変なことが書いてありました。

「鉄砲と弾丸《たま》をこゝへ置いてください。」

見るとすぐ横に黒い台がありました。

「なるほど、鉄砲を持つてものを食ふといふ法はない。」

「いや、よほど偉いひとが始終来てゐるんだ。」

二人は鉄砲をはづし、帯皮《おびかは》を解いて、それを台の上に置きました。

また黒い扉がありました。

「どうか帽子と外套《ぐわいたふ》靴をおとり下さい。」

「どうだ、とるか。」

「仕方ない、とらう。たしかによつぽどえらいひとなんだ。奥に来てゐるのは」

二人は帽子とオーバーコートを釘にかけ、靴をぬいでぺたぺたあるいて扉の中にはいりました。

扉の裏側には、

「ネクタイピン、カフスボタン、眼鏡、財布、その他金物類《かなものるゐ》、ことに尖《とが》つたものは、みんなこゝに置いてください」

と書いてありました。扉のすぐ横には黒塗りの立派な金庫も、ちやんと口を開《あ》けて置いてありました。鍵まで添へてあつたのです。

「は、あ、何かの料理に電気をつかふと見えるね。金気のものはあぶない。ことに尖つたものはあぶないと斯う云ふんだらう。」

「さうだらう。して見ると勘定は帰りにこゝで払うのだらうか。」

「どうもさうらしい。」

「さうだ。きつと。」

二人はめがねをはづしたり［、］カフスボタンをとつたり、みんな金庫の中に入れて、ぱちんと錠をかけました。

すこし行きますとまた扉があつて、その前に硝子の壺が一つありました。扉には斯う書いてありました。

「壺のなかのクリームを顔や手足にすつかり塗つてください。」

みるとたしかに壺のなかのものは牛乳のクリームでした。

「クリームをぬれといふのはどういふんだ。」

「これはね、外がひじやうに寒いだらう。室のなかがあんまり暖いとひびがきれるから、その予防なんだ。どうも奥には、よほどえらいひとがきてゐる。こんなとこで、案外ぼくらは、貴族とちかづきになるかも知れないよ。」

二人は壺のクリームを、顔に塗つて手に塗つてそれから靴下をぬいで足に塗りました、それでもまだ残つてゐましたから、それは二人ともめいめいこつそり顔に塗るふりをしながら喰べました。

それから大急ぎで扉をあけますと、その裏側には、

「クリームをよく塗りましたか、耳にもよく塗りましたか、」

と書いてあつて、ちいさなクリームの壺がこゝにも置いてありました。

「さうさう、ぼくは耳には塗らなかつた。あぶなく耳にひゞを切らすとこだつた。こゝの主人はじつに用意周到だね。」

「あゝ、細かいとこまでよく気がつくよ。ところでぼくは早く何か喰べたいんだが、どうも斯うどこまでも廊下ぢや仕方ないね。」

するとすぐその前に次の戸がありました。

「料理はもうすぐできます。

十五分とお待たせはいたしません。

すぐたべられます。

早くあなたの頭に瓶《びん》の中の香水をよく振りかけてください。」

そして戸の前には金ピカの香水の瓶が置いてありました。

二人はその香水を、頭へぱちやぱちや振りかけました。

ところがその香水は、どうも酢のやうな匂《におひ》がするのでした。

「この香水はへんに酢くさい。どうしたんだらう。」

「まちがへたんだ。下女が風邪でも引いてまちがへて入れたんだ。」

二人は扉をあけて中にはいりました。

扉の裏側には、大きな字で斯う書いてありました。

「いろいろ注文が多くてうるさかつたでせう。お気の毒でした。もうこれだけです。どうかからだ中に、壺の

中の塩をたくさんよくもみ込んでください。」

なるほど立派な青い瀬戸の塩壺は置いてありましたが、こんどといふこんどは二人ともぎよつとしてお互にクリームをたくさん塗つた顔を見合せました。

「どうもおかしいぜ。」

「ぼくもおかしいとおもふ。」

「沢山の注文といふのは、向ふがこつちへ注文してるんだよ。」

「だからさ、西洋料理店といふのは、ぼくの考へるところでは、西洋料理を、来た人にたべさせるのではなくて、来た人を西洋料理にして、食べてやる家《うち》とかういふことなんだ。これは、その、つ、つ、つ、つまり、ぼ、ぼ、ぼくらが……。」がたがたがたがた、ふるえだして、もうものが言へませんでした。

「その、ぼ、ぼくらが、……うわあ。」がたがたがたがたふるえだして、もうものが言へませんでした。

「遁《に》げ……。」がたがたしながら一人の紳士はうしろの戸を押さうとしましたが、どうです、戸はもう一分《いちぶ》も動きませんでした。

奥の方にはまだ一枚扉があつて、大きなかぎ穴が二つつき、銀いろのホークとナイフの形が切りだしてあつて、

「いや、わざわざご苦労です。

大へん結構にできました。

さあさあおなかにおはいりください。」

と書いてありました。おまけにかぎ穴からはきよろきよろ二つの青い眼玉がこつちをのぞいてゐます。

「うわあ。」がたがたがたがた。

「うわあ。」がたがたがたがた。

ふたりは泣き出しました。

すると戸の中では、こそこそこんなことを云つてゐます。

「だめだよ。もう気がついたよ。塩をもみこまないやうだよ。」

「あたりまへさ。親分の書きやうがまづいんだ。あすこへ、いろいろ注文が多くてうるさかつたでせう、お気の毒でしたなんて、間抜けたことを書いたもんだ。」

「どつちでもいゝよ。どうせぼくらには、骨も分けて呉《く》れやしないんだ。」

「それはさうだ。けれどももしこゝへあいつらがはいつて来なかつたら、それはぼくらの責任だぜ。」

「呼ばうか、呼ばう。おい、お客さん方、早くいらつしやい。いらつしやい。いらつしやい。お皿も洗つてありますし、[菜]つ葉ももうよく塩でもんで置きました。あとはあなたがたと、菜つ葉をうまくとりあはせて、まつ白なお皿にのせる丈《だ》けです。はやくいらつしやい。」

「へい、いらつしやい、いらつしやい。それともサラドはお嫌ひですか。そんならこれから火を起《おこ》してフライにしてあげませうか。とにかくはやくいらつしやい。」

二人はあんまり心を痛めたために、顔がまるでくしやくしやの紙屑《かみくづ》のやうになり、お互にその顔を見合せ、ぶるぶるふるえ、声もなく泣きました。

中ではふつふつとわらつてまた叫んでゐます。

「いらつしやい、いらつしやい。そんなに泣いては折角のクリームが流れるぢやありませんか。へい、たゞいま。ぢきもつてまゐります。さあ、早くいらつしやい。」

「早くいらつしやい。親方がもうナフキンをかけて、ナイフをもつて、舌なめずりして、お客さま方を待つてゐられます。」

二人は泣いて泣いて泣いて泣いて泣きました。

そのときうしろからいきなり、

「わん、わん、ぐわあ。」といふ声がして、あの白熊のやうな犬が二疋、扉をつきやぶつて室の中に飛び込んできました。鍵穴の眼玉はたちまちなくなり、犬どもはううとうなつてしばらく室の中をくるくる廻つてゐましたが、また一声《こゑ》

「わん。」と高く吠えて、いきなり次の扉に飛びつきました。戸はがたりとひらき、犬どもは吸い込まれるやうに飛んで行きました。

その扉の向ふのまつくらやみのなかで、

「にやあお、くわあ、ごろごろ。」といふ声がして、それからがさがさ鳴りました。

室はけむりのやうに消え、二人は寒さにぶるぶるふるえて、草の中に立つてゐました。

見ると、上着や靴や財布やネクタイピンは、あつちの枝にぶらさがつたり、こつちの根もとにちらばつたりしてゐます。風がどうと吹いてきて、草はざわざわ、木《き》の葉はかさかさ、木はごとんごとんと鳴りました。

犬がふうとうなつて戻つてきました。

そしてうしろからは、

「旦那あ、旦那あ、」と叫ぶものがあります。

二人は俄《にわ》かに元気がついて

「おゝい、おゝい、こゝだぞ、早く来い。」と叫びました。

簑帽子《みの》をかぶつた専門の猟師が、草をざわざわ分けてやつてきました。

そこで二人はやつと安心しました。

そして猟［師］のもつてきた団子をたべ、途中で十円だけ山鳥を買つて東京に帰りました。

しかし、さつき一ぺん紙くづのやうになつた二人の顔だけは、東京に帰つても、お湯にはいつても、もうもとのとほりになりませんでした。

『【新】校本宮澤賢治全集　第十二巻』（筑摩書房）に拠る。

第五章　俳句と短歌

俳句（発句）

山路きて何やらゆかしすみれ草　松尾　芭蕉

閑《しづか》さや岩にしみいる蟬の声　松尾　芭蕉

菜の花や月は東に日は西に　与謝《よさ》　蕪村《ぶそん》

さみだれや大河を前に家二軒　与謝　蕪村

雪とけて村一ぱいの子どもかな　小林　一茶

名月を取つてくれろと泣く子かな　小林　一茶

ゆさゆさと大枝ゆるる桜かな　村上　鬼城《きじよう》

赤とんぼ筑波に雲もなかりけり　正岡　子規

青がえるおのれもペンキぬりたてか　芥川　龍之介

遠山に日の当たりたる枯野かな　高浜　虚子

課題　各句の季語と季節を考えてみよう。

✎ 短歌（和歌）

東《ひんがし》の野にかぎろひの立つ見えてかへり見すれば月かたぶきぬ
柿本《かきのもと》　人麻呂《ひとまろ》

五月雨の晴れ間にいでて眺むれば青田すゞしく風わたるなり
良寛

金色《こんじき》のちひさき鳥のかたちして銀杏ちるなり夕日の岡に
夏のかぜ山よりきたり三百の牧の若馬《わかうま》耳ふかれけり
与謝野　晶子

くれなゐの二尺伸びたる薔薇の芽の針やはらかに春雨のふる
真砂《まさご》なす数なき星のその中にわれにむかひて光る星あり
正岡　子規

いつしかに春の名残となりにけり昆布干し場のたんぽぽの花
病める児《こ》はハモニカを吹き夜に入りぬもろこし畑《ばた》の黄なる月の出
北原　白秋

課題　一首を選び、その情景を絵に描いてみよう。

第六章　古典

古文

百人一首

あらしふく三室《みむろ》の山のもみぢ葉は竜田の川の錦なりけり
能因法師

春すぎて夏来にけらし白妙の衣ほすてふ天の香具山
持統天皇

田子の浦にうちいでて見れば白妙の富士の高嶺に雪はふりつつ
山部赤人

奥山にもみぢ踏み分け鳴く鹿の声聞くときぞ秋は悲しき
猿丸太《だ》夫《ゆう》

天の原ふりさけ見れば春日なる三笠の山にいでし月かも
安倍仲麿

君がため春の野にいでて若菜つむわが衣手に雪はふりつつ
光孝天皇

久方の光のどけき春の日にしづ心なく花の散るらむ
紀友則

人はいさ心も知らずふるさとは花ぞ昔の香ににほひける
紀貫之

秋風にたなびく雲の絶え間よりもれいづる月の影のさやけさ
左京大夫顕輔《さきょうのだいぶあきすけ》

ほととぎす鳴きつる方をながむればただ有明の月ぞ残れる
後徳大寺《ごとくだいじの》左大臣

竹取物語

今は昔、竹取の翁といふ者ありけり。野山にまじりて竹を取りつつ、よろづのことに使ひけり。名をば、讃岐の造《みやつこ》となむいひける。

その竹の中に、もと光る竹なむ一筋ありける。あやしがりて、寄りて見るに、筒の中光りたり。それを見れば、三寸《さんずん》ばかりなる人、いとうつくしうてゐたり。

枕草子

春は、あけぼの。やうやう白くなりゆく山ぎは、すこし明かりて、紫だちたる雲の、細くたなびきたる。

夏は、夜。月のころは、さらなり。闇もなほ。蛍の多く飛びちがひたる、また、ただ一つ二つなど、ほのかにうち光りて行くも、をかし。雨など降るも、をかし。

秋は、夕暮れ。夕日のさして、山の端いと近うなりたるに、烏の寝どころへ行くとて、三つ四つ、二つ三つなど、飛びいそぐさへ、あはれなり。まいて、雁《かり》などの列ねたるが、いと小さく見ゆるは、いとをかし。日入りはてて、風の音、虫の音《ね》など、はた言ふべきにあらず。

冬は、つとめて。雪の降りたるは、言ふべきにもあらず。霜のいと白きも。また、さらでもいと寒きに、火など急ぎおこして、炭もてわたるも、いとつきづきし。昼になりて、ぬるくゆるびもていけば、火をけの火も、白き灰がちになりて、わろし。

平家物語

祇園精舎のかねの声、諸行無常のひびきあり。
娑羅双樹の花の色、盛者必衰のことわりをあらはす。
おごれる人も久しからず、ただ春の夜の夢のごとし。
たけき者もつひにはほろびぬ、ひとへに風の前のちりに同じ。

徒然草

つれづれなるままに、日くらし、すずりに向かひて、心にうつりゆくよしなしごとを、そこはかとなく書きつくれば、あやしうこそものぐるほしけれ。

✎漢　文

春暁

孟浩然

春眠不覚暁
処処聞啼鳥
夜来風雨声
花落知多少

絶句

杜甫

江碧鳥逾白
山青花欲然
今春看又過
何日是帰年

静夜思

李白

牀前看月光
疑是地上霜
挙頭望山月
低頭思故郷

尋胡隠君

高啓

渡水復渡水
看花還看花
春風江上路
不覚到君家

第七章　辞典の活用

国語辞典の活用法

一　辞典と事典の違いは何か。

二　文章を読む際に、漢字の読み方を確かめたり、意味のわからない語句を調べたりする。読めない漢字は調べられない、というのが常識だが、あきらめずに勘で（似た漢字の音で）引いてみることも必要。
　例「橄欖」「驕奢」「歔欷」

三　文章を書く際に、自信のない漢字・語句について確認する。特に、同音異義語（追及・追求・追究）や同訓異字（取る・採る・捕る・執る・撮る）を正しく使い分けるのに、辞書は欠かせない。

四　知っていると思う言葉でも、調べてみると意外な発見がある。
　例「固執」「早急」「重複」「発足」「世論」の読み方は？

五　語句の成り立ちを知ることで、より正確に使いこなせるようになる。
　例「完璧」「拝啓」「不肖」「十八番」「的を射る」「しのぎを削る」「うだつが上がらない」「情けは人の為ならず」

六　略語について、略される前の形を知ることで、より正確に使えるようになる。
　例「外為」「行革」「選管」「損保」「アポ」「インフ

ラ」「コネ」「リストラ」「ODA」「WTO」

七　カタカナ言葉（外来語・和製英語）の由来を知ることで、日本語の多様性を知る。

課題　次のカタカナ言葉について、その語源を調べて分類してみよう。

「アイスバーン」「アルバイト」「アンコール」「イクラ」「ウイルス」「オーロラ」「カジノ」「カッパ（合羽）」「カフェオレ」「カルタ」「カルテ」「カルビ」「カンパ」「グランプリ」「サボ（る）」「シシャモ」「スコップ」「セイウチ」「タバコ」「デマ」「テンプラ」「トナカイ」「ナイター（野球）」「バックミラー」「パン」「ペンキ」「マージャン」「メンタイ」「モーニングサービス」「ラーメン」「ラッコ」「ランドセル」「ルージュ」「レジュメ」

イタリア語　↓

オランダ語　↓

ドイツ語　↓

フランス語　↓

ポルトガル語↓

ロシア語　↓

ラテン語　↓

中国語　↓

朝鮮語　↓

アイヌ語　↓

和製英語　↓

✎漢和辞典の活用法

課題一　漢和辞典では漢字がどのような順で配列されているか、考えてみよう。

課題二　漢和辞典の索引は三種類ある。それらをどのように使い分けたらよいか。

課題三　次の漢字を漢和辞典で引いてみよう。

雉　頗　魄　韓　鬱

課題四　次の部首名について、その名の由来を考えてみよう。

りっとう　つつみがまえ　ふしづくり　しかばね
えんにょう　りっしんべん　したごころ　あくび
れっか（れんが）　にくづき　おおがい（いちのかい）
ひよみのとり

課題五　部首「ふるとり」を含む、鳥の名を表す漢字を三つ挙げてみよう。

課題六　開・閉・関・問・聞・悶、を二つのグループに分け、その分類の理由を考えてみよう。

課題七　財・買・貯・則・唄・敗、を二つのグループに分け、その分類の理由を考えてみよう。

課題八　期・望・服・朝・育・脈、を三つのグループに分け、その分類の理由を考えてみよう。

課題九　次の漢字を、象形・指事・会意・形声に分類してみよう。

下　火　化　加　可　仮　花　何　果　価　河　科　夏
家　荷　貨　過　歌　課

象形文字　↓
指事文字　↓
会意文字　↓
形声文字　↓

課題十　次の漢字の音を分類してみよう。

	宮	京	行	清	請	明
漢音						
呉音						
唐音						
慣用音						

◆資料　小学校学習指導要領（平成29年3月　文部科学省告示）

第2章　各教科

第1節　国語

第1　目標

言葉による見方・考え方を働かせ，言語活動を通して，国語で正確に理解し適切に表現する資質・能力を次のとおり育成することを目指す。

(1) 日常生活に必要な国語について，その特質を理解し適切に使うことができるようにする。

(2) 日常生活における人との関わりの中で伝え合う力を高め，思考力や想像力を養う。

(3) 言葉がもつよさを認識するとともに，言語感覚を養い，国語の大切さを自覚し，国語を尊重してその能力の向上を図る態度を養う。

第2　各学年の目標及び内容

〔第1学年及び第2学年〕

1　目標

(1) 日常生活に必要な国語の知識や技能を身に付けるとともに，我が国の言語文化に親しんだり理解したりすることができるようにする。

(2) 順序立てて考える力や感じたり想像したりする力を養い，日常生活における人との関わりの中で伝え合う力を高め，自分の思いや考えをもつことができるようにする。

(3) 言葉がもつよさを感じるとともに，楽しんで読書をし，国語を大切にして，思いや考えを伝え合おうとする態度を養う。

2　内容

〔知識及び技能〕

(1) 言葉の特徴や使い方に関する次の事項を身に付けることができるよう指導する。

ア　言葉には，事物の内容を表す働きや，経験したことを伝える働きがあることに気付くこと。

イ　音節と文字との関係，アクセントによる語の意味の違いなどに気付くとともに，姿勢や口形，発声や発音に注意して話すこと。

ウ　長音，拗《よう》音，促音，撥《はつ》音などの表記，助詞の「は」，「へ」及び「を」の使い方，句読点の打ち方，かぎ（「　」）の使い方を理解して文や文章の中で使うこと。また，平仮名及び片仮名を読み，書くとともに，片仮名で書く語の種類を知り，文や文章の中で使うこと。

エ　第1学年においては，別表の学年別漢字配当表（以下「学年別漢字配当表」という。）の第1学年に配当されている漢字を読み，漸次書き，文や文章の中で使うこと。第2学年においては，学年別漢字配当表の第2学年までに配当されている漢字を読むこと。また，第1学年に配当されている漢字を書き，文や文章の中で使うとともに，第2学年に配当されている漢字を漸次書き，文や文章の中で使うこと。

オ　身近なことを表す語句の量を増し，話や文章の中で使うとともに，言葉には意味による語句のまとまりがあることに気付き，語彙を豊かにすること。

カ　文の中における主語と述語との関係に気付くこと。

キ　丁寧な言葉と普通の言葉との違いに気を付けて使うとともに，敬体で書かれた文章に慣れること。

ク　語のまとまりや言葉の響きなどに気を付けて音読すること。

(2) 話や文章に含まれている情報の扱い方に関する次の事項を身に付けることができるよう指導する。

ア　共通，相違，事柄の順序など情報と情報との関係について理解すること。

(3) 我が国の言語文化に関する次の事項を身に付けることができるよう指導する。

ア　昔話や神話・伝承などの読み聞かせを聞くなどして，我が国の伝統的な言語文化に親しむこと。

イ　長く親しまれている言葉遊びを通して，言葉の豊かさに気付くこと。

ウ　書写に関する次の事項を理解し使うこと。

（ア）姿勢や筆記具の持ち方を正しくして書くこと。

（イ）点画の書き方や文字の形に注意しながら，筆順に従って丁寧に書くこと。

（ウ）点画相互の接し方や交わり方，長短や方向などに注意して，文字を正しく書くこと。

エ　読書に親しみ，いろいろな本があることを知ること。

〔思考力，判断力，表現力等〕

A　話すこと・聞くこと

(1) 話すこと・聞くことに関する次の事項を身に付けることができるよう指導する。

ア　身近なことや経験したことなどから話題を決め，伝え合うために必要な事柄を選ぶこと。

イ　相手に伝わるように，行動したことや経験したことに基づいて，話す事柄の順序を考えること。

ウ　伝えたい事柄や相手に応じて，声の大きさや速さなどを工夫すること。

エ　話し手が知らせたいことや自分が聞きたいことを落とさないように集中して聞き，話の内容を捉えて感想をもつこと。

オ　互いの話に関心をもち，相手の発言を受けて話をつなぐこと。

(2) (1)に示す事項については，例えば，次のような言語活動を通して指導するものとする。

ア　紹介や説明，報告など伝えたいことを話したり，それらを聞いて声に出して確かめたり感想を述べたりする活動。

イ　尋ねたり応答したりするなどして，少人数で話し合う活動。

B　書くこと

(1) 書くことに関する次の事項を身に付けることができるよう指導する。

ア　経験したことや想像したことなどから書くことを見付け，必要な事柄を集めたり確かめたりして，伝えたいことを明確にすること。

イ　自分の思いや考えが明確になるように，事柄の順序に沿って簡単な構成を考えること。

ウ　語と語や文と文との続き方に注意しながら，内容のまとまりが分かるように書き表し方を工夫すること。

エ　文章を読み返す習慣を付けるとともに，間違いを正したり，語と語や文と文との続き方を確かめたりすること。

オ　文章に対する感想を伝え合い，自分の文章の内容や表現のよいところを見付けること。

(2) (1) に示す事項については，例えば，次のような言語活動を通して指導するものとする。

ア　身近なことや経験したことを報告したり，観察したことを記録したりするなど，見聞きしたことを書く活動。

イ　日記や手紙を書くなど，思ったことや伝えたいことを書く活動。

ウ　簡単な物語をつくるなど，感じたことや想像したことを書く活動。

C　読むこと

(1) 読むことに関する次の事項を身に付けることができるよう指導する。

ア　時間的な順序や事柄の順序などを考えながら，内容の大体を捉えること。

イ　場面の様子や登場人物の行動など，内容の大体を捉えること。

ウ　文章の中の重要な語や文を考えて選び出すこと。

エ　場面の様子に着目して，登場人物の行動を具体的に想像すること。

オ　文章の内容と自分の体験とを結び付けて，感想をもつこと。

カ　文章を読んで感じたことや分かったことを共有すること。

(2) (1) に示す事項については，例えば，次のような言語活動を通して指導するものとする。

ア　事物の仕組みを説明した文章などを読み，分かったことや考えたことを述べる活動。

イ　読み聞かせを聞いたり物語などを読んだりして，内容や感想などを伝え合ったり，演じたりする活動。

ウ　学校図書館などを利用し，図鑑や科学的なことについて書いた本などを読み，分かったことなどを説明する活動。

〔第 3 学年及び第 4 学年〕

1　目標

(1) 日常生活に必要な国語の知識や技能を身に付けるとともに，我が国の言語文化に親しんだり理解したりすることができるようにする。

(2) 筋道立てて考える力や豊かに感じたり想像したりする力を養い，日常生活における人との関わりの中で伝え合う力を高め，自分の思いや考えをまとめることができるようにする。

(3) 言葉がもつよさに気付くとともに，幅広く読書をし，国語を大切にして，思いや考えを伝え合おうとする態度を養う。

2　内容

〔知識及び技能〕

(1) 言葉の特徴や使い方に関する次の事項を身に付けることができるよう指導する。

ア　言葉には，考えたことや思ったことを表す働きがあることに気付くこと。

イ　相手を見て話したり聞いたりするとともに，言葉の抑揚や強弱，間の取り方などに注意して話すこと。

ウ　漢字と仮名を用いた表記，送り仮名の付け方，改行の仕方を理解して文や文章の中で使うとともに，句読点を適切に打つこと。また，第 3 学年においては，日常使われている簡単な単語について，ローマ字で表記されたものを読み，ローマ字で書くこと。

エ　第 3 学年及び第 4 学年の各学年においては，学年別漢字配当表の当該学年までに配当されている漢字を読むこと。また，当該学年の前の学年までに配当されている漢字を書き，文や文章の中で使うとともに，当該学年に配当されている漢字を漸次書き，文や文章の中で使うこと。

オ　様子や行動，気持ちや性格を表す語句の量を増し，話や文章の中で使うとともに，言葉には性質や役割による語句のまとまりがあることを理解し，語彙を豊かにすること。

カ　主語と述語との関係，修飾と被修飾との関係，指示する語句と接続する語句の役割，段落の役割について理解すること。

キ　丁寧な言葉を使うとともに，敬体と常体との違いに注意しながら書くこと。

ク　文章全体の構成や内容の大体を意識しながら音読すること。

(2) 話や文章に含まれている情報の扱い方に関する次の事項を身に付けることができるよう指導する。

ア　考えとそれを支える理由や事例，全体と中心など情報と情報との関係について理解すること。

イ　比較や分類の仕方，必要な語句などの書き留め方，引用の仕方や出典の示し方，辞書や事典の使い方を理解し使うこと。

(3) 我が国の言語文化に関する次の事項を身に付けることができるよう指導する。

ア　易しい文語調の短歌や俳句を音読したり暗唱したりするなどして，言葉の響きやリズムに親しむこと。
イ　長い間使われてきたことわざや慣用句，故事成語などの意味を知り，使うこと。
ウ　漢字が，へんやつくりなどから構成されていることについて理解すること。
エ　書写に関する次の事項を理解し使うこと。
（ア）文字の組立て方を理解し，形を整えて書くこと。
（イ）漢字や仮名の大きさ，配列に注意して書くこと。
（ウ）毛筆を使用して点画の書き方への理解を深め，筆圧などに注意して書くこと。
オ　幅広く読書に親しみ，読書が，必要な知識や情報を得ることに役立つことに気付くこと。

〔思考力，判断力，表現力等〕

A　話すこと・聞くこと

(1) 話すこと・聞くことに関する次の事項を身に付けることができるよう指導する。
ア　目的を意識して，日常生活の中から話題を決め，集めた材料を比較したり分類したりして，伝え合うために必要な事柄を選ぶこと。
イ　相手に伝わるように，理由や事例などを挙げながら，話の中心が明確になるよう話の構成を考えること。
ウ　話の中心や話す場面を意識して，言葉の抑揚や強弱，間の取り方などを工夫すること。
エ　必要なことを記録したり質問したりしながら聞き，話し手が伝えたいことや自分が聞きたいことの中心を捉え，自分の考えをもつこと。
オ　目的や進め方を確認し，司会などの役割を果たしながら話し合い，互いの意見の共通点や相違点に着目して，考えをまとめること。

(2) (1) に示す事項については，例えば，次のような言語活動を通して指導するものとする。
ア　説明や報告など調べたことを話したり，それらを聞いたりする活動。
イ　質問するなどして情報を集めたり，それらを発表したりする活動。
ウ　互いの考えを伝えるなどして，グループや学級全体で話し合う活動。

B　書くこと

(1) 書くことに関する次の事項を身に付けることができるよう指導する。
ア　相手や目的を意識して，経験したことや想像したことなどから書くことを選び，集めた材料を比較したり分類したりして，伝えたいことを明確にすること。
イ　書く内容の中心を明確にし，内容のまとまりで段落をつくったり，段落相互の関係に注意したりして，文章の構成を考えること。
ウ　自分の考えとそれを支える理由や事例との関係を明確にして，書き表し方を工夫すること。
エ　間違いを正したり，相手や目的を意識した表現になっているかを確かめたりして，文や文章を整えること。
オ　書こうとしたことが明確になっているかなど，文章に対する感想や意見を伝え合い，自分の文章のよいところを見付けること。

(2) (1) に示す事項については，例えば，次のような言語活動を通して指導するものとする。
ア　調べたことをまとめて報告するなど，事実やそれを基に考えたことを書く活動。
イ　行事の案内やお礼の文章を書くなど，伝えたいことを手紙に書く活動。
ウ　詩や物語をつくるなど，感じたことや想像したことを書く活動。

C　読むこと

(1) 読むことに関する次の事項を身に付けることができるよう指導する。
ア　段落相互の関係に着目しながら，考えとそれを支える理由や事例との関係などについて，叙述を基に捉えること。
イ　登場人物の行動や気持ちなどについて，叙述を基に捉えること。
ウ　目的を意識して，中心となる語や文を見付けて要約すること。
エ　登場人物の気持ちの変化や性格，情景について，場面の移り変わりと結び付けて具体的に想像すること。
オ　文章を読んで理解したことに基づいて，感想や考えをもつこと。
カ　文章を読んで感じたことや考えたことを共有し，一人一人の感じ方などに違いがあることに気付くこと。

(2) (1) に示す事項については，例えば，次のような言語活動を通して指導するものとする。
ア　記録や報告などの文章を読み，文章の一部を引用して，分かったことや考えたことを説明したり，意見を述べたりする活動。
イ　詩や物語などを読み，内容を説明したり，考えたことなどを伝え合ったりする活動。
ウ　学校図書館などを利用し，事典や図鑑などから情報を得て，分かったことなどをまとめて説明する活動。

〔第 5 学年及び第 6 学年〕

1　目標

(1) 日常生活に必要な国語の知識や技能を身に付けるとともに，我が国の言語文化に親しんだり理解したりすることができるようにする。
(2) 筋道立てて考える力や豊かに感じたり想像したりする力を養い，日常生活における人との関わりの中で伝え合う力を高め，自分の思いや考えを広げることができるようにする。
(3) 言葉がもつよさを認識するとともに，進んで読書をし，国語の大切さを自覚して，思いや考えを伝

え合おうとする態度を養う。

2　内容

〔知識及び技能〕

(1) 言葉の特徴や使い方に関する次の事項を身に付けることができるよう指導する。

ア　言葉には，相手とのつながりをつくる働きがあることに気付くこと。

イ　話し言葉と書き言葉との違いに気付くこと。

ウ　文や文章の中で漢字と仮名を適切に使い分けるとともに，送り仮名や仮名遣いに注意して正しく書くこと。

エ　第5学年及び第6学年の各学年においては，学年別漢字配当表の当該学年までに配当されている漢字を読むこと。また，当該学年の前の学年までに配当されている漢字を書き，文や文章の中で使うとともに，当該学年に配当されている漢字を漸次書き，文や文章の中で使うこと。

オ　思考に関わる語句の量を増し，話や文章の中で使うとともに，語句と語句との関係，語句の構成や変化について理解し，語彙を豊かにすること。また，語感や言葉の使い方に対する感覚を意識して，語や語句を使うこと。

カ　文の中での語句の係り方や語順，文と文との接続の関係，話や文章の構成や展開，話や文章の種類とその特徴について理解すること。

キ　日常よく使われる敬語を理解し使い慣れること。

ク　比喩や反復などの表現の工夫に気付くこと。

ケ　文章を音読したり朗読したりすること。

(2) 話や文章に含まれている情報の扱い方に関する次の事項を身に付けることができるよう指導する。

ア　原因と結果など情報と情報との関係について理解すること。

イ　情報と情報との関係付けの仕方，図などによる語句と語句との関係の表し方を理解し使うこと。

(3) 我が国の言語文化に関する次の事項を身に付けることができるよう指導する。

ア　親しみやすい古文や漢文，近代以降の文語調の文章を音読するなどして，言葉の響きやリズムに親しむこと。

イ　古典について解説した文章を読んだり作品の内容の大体を知ったりすることを通して，昔の人のものの見方や感じ方を知ること。

ウ　語句の由来などに関心をもつとともに，時間の経過による言葉の変化や世代による言葉の違いに気付き，共通語と方言との違いを理解すること。また，仮名及び漢字の由来，特質などについて理解すること。

エ　書写に関する次の事項を理解し使うこと。

(ア) 用紙全体との関係に注意して，文字の大きさや配列などを決めるとともに，書く速さを意識して書くこと。

(イ) 毛筆を使用して，穂先の動きと点画のつながりを意識して書くこと。

(ウ) 目的に応じて使用する筆記具を選び，その特徴を生かして書くこと。

オ　日常的に読書に親しみ，読書が，自分の考えを広げることに役立つことに気付くこと。

〔思考力，判断力，表現力等〕

A　話すこと・聞くこと

(1) 話すこと・聞くことに関する次の事項を身に付けることができるよう指導する。

ア　目的や意図に応じて，日常生活の中から話題を決め，集めた材料を分類したり関係付けたりして，伝え合う内容を検討すること。

イ　話の内容が明確になるように，事実と感想，意見とを区別するなど，話の構成を考えること。

ウ　資料を活用するなどして，自分の考えが伝わるように表現を工夫すること。

エ　話し手の目的や自分が聞こうとする意図に応じて，話の内容を捉え，話し手の考えと比較しながら，自分の考えをまとめること。

オ　互いの立場や意図を明確にしながら計画的に話し合い，考えを広げたりまとめたりすること。

(2) (1) に示す事項については，例えば，次のような言語活動を通して指導するものとする。

ア　意見や提案など自分の考えを話したり，それらを聞いたりする活動。

イ　インタビューなどをして必要な情報を集めたり，それらを発表したりする活動。

ウ　それぞれの立場から考えを伝えるなどして話し合う活動。

B　書くこと

(1) 書くことに関する次の事項を身に付けることができるよう指導する。

ア　目的や意図に応じて，感じたことや考えたことなどから書くことを選び，集めた材料を分類したり関係付けたりして，伝えたいことを明確にすること。

イ　筋道の通った文章となるように，文章全体の構成や展開を考えること。

ウ　目的や意図に応じて簡単に書いたり詳しく書いたりするとともに，事実と感想，意見とを区別して書いたりするなど，自分の考えが伝わるように書き表し方を工夫すること。

エ　引用したり，図表やグラフなどを用いたりして，自分の考えが伝わるように書き表し方を工夫すること。

オ　文章全体の構成や書き表し方などに着目して，文や文章を整えること。

カ　文章全体の構成や展開が明確になっているかなど，文章に対する感想や意見を伝え合い，自分の文章のよいところを見付けること。

(2) (1) に示す事項については，例えば，次のような言語活動を通して指導するものとする。

ア　事象を説明したり意見を述べたりするなど，

考えたことや伝えたいことを書く活動。

イ　短歌や俳句をつくるなど，感じたことや想像したことを書く活動。

ウ　事実や経験を基に，感じたり考えたりしたことや自分にとっての意味について文章に書く活動。

C　読むこと

(1) 読むことに関する次の事項を身に付けることができるよう指導する。

ア　事実と感想，意見などとの関係を叙述を基に押さえ，文章全体の構成を捉えて要旨を把握すること。

イ　登場人物の相互関係や心情などについて，描写を基に捉えること。

ウ　目的に応じて，文章と図表などを結び付けるなどして必要な情報を見付けたり，論の進め方について考えたりすること。

エ　人物像や物語などの全体像を具体的に想像したり，表現の効果を考えたりすること。

オ　文章を読んで理解したことに基づいて，自分の考えをまとめること。

カ　文章を読んでまとめた意見や感想を共有し，自分の考えを広げること。

(2) (1) に示す事項については，例えば，次のような言語活動を通して指導するものとする。

ア　説明や解説などの文章を比較するなどして読み，分かったことや考えたことを，話し合ったり文章にまとめたりする活動。

イ　詩や物語，伝記などを読み，内容を説明したり，自分の生き方などについて考えたことを伝え合ったりする活動。

ウ　学校図書館などを利用し，複数の本や新聞などを活用して，調べたり考えたりしたことを報告する活動。

第3　指導計画の作成と内容の取扱い

1　指導計画の作成に当たっては，次の事項に配慮するものとする。

(1) 単元など内容や時間のまとまりを見通して，その中で育む資質・能力の育成に向けて，児童の主体的・対話的で深い学びの実現を図るようにすること。その際，言葉による見方・考え方を働かせ，言語活動を通して，言葉の特徴や使い方などを理解し自分の思いや考えを深める学習の充実を図ること。

(2) 第2の各学年の内容の指導については，必要に応じて当該学年より前の学年において初歩的な形で取り上げたり，その後の学年で程度を高めて取り上げたりするなどして，弾力的に指導すること。

(3) 第2の各学年の内容の〔知識及び技能〕に示す事項については，〔思考力，判断力，表現力等〕に示す事項の指導を通して指導することを基本とし，必要に応じて，特定の事項だけを取り上げて指導したり，それらをまとめて指導したりするなど，指導の効果を高めるよう工夫すること。なお，その際，第1章総則の第2の3の (2) のウの (イ) に掲げる指導を行う場合には，当該指導のねらいを明確にするとともに，単元など内容や時間のまとまりを見通して資質・能力が偏りなく育成されるよう計画的に指導すること。

(4) 第2の各学年の内容の〔思考力，判断力，表現力等〕の「A 話すこと・聞くこと」に関する指導については，意図的，計画的に指導する機会が得られるように，第1学年及び第2学年では年間35単位時間程度，第3学年及び第4学年では年間30単位時間程度，第5学年及び第6学年では年間25単位時間程度を配当すること。その際，音声言語のための教材を活用するなどして指導の効果を高めるよう工夫すること。

(5) 第2の各学年の内容の〔思考力，判断力，表現力等〕の「B 書くこと」に関する指導については，第1学年及び第2学年では年間100単位時間程度，第3学年及び第4学年では年間85単位時間程度，第5学年及び第6学年では年間55単位時間程度を配当すること。その際，実際に文章を書く活動をなるべく多くすること。

(6) 第2の第1学年及び第2学年の内容の〔知識及び技能〕の (3) のエ，第3学年及び第4学年，第5学年及び第6学年の内容の〔知識及び技能〕の (3) のオ及び各学年の内容の〔思考力，判断力，表現力等〕の「C 読むこと」に関する指導については，読書意欲を高め，日常生活において読書活動を活発に行うようにするとともに，他教科等の学習における読書の指導や学校図書館における指導との関連を考えて行うこと。

(7) 低学年においては，第1章総則の第2の4の (1) を踏まえ，他教科等との関連を積極的に図り，指導の効果を高めるようにするとともに，幼稚園教育要領等に示す幼児期の終わりまでに育ってほしい姿との関連を考慮すること。特に，小学校入学当初においては，生活科を中心とした合科的・関連的な指導や，弾力的な時間割の設定を行うなどの工夫をすること。

(8) 言語能力の向上を図る観点から，外国語活動及び外国語科など他教科等との関連を積極的に図り，指導の効果を高めるようにすること。

(9) 障害のある児童などについては，学習活動を行う場合に生じる困難さに応じた指導内容や指導方法の工夫を計画的，組織的に行うこと。

(10) 第1章総則の第1の2の (2) に示す道徳教育の目標に基づき，道徳科などとの関連を考慮しながら，第3章特別の教科道徳の第2に示す内容について，国語科の特質に応じて適切な指導をすること。

2　第2の内容の取扱いについては，次の事項に配慮するものとする。

(1)〔知識及び技能〕に示す事項については，次のとおり取り扱うこと。

ア　日常の言語活動を振り返ることなどを通して，児童が，実際に話したり聞いたり書いたり読んだりする場面を意識できるよう指導を工夫すること。

イ　理解したり表現したりするために必要な文字

や語句については，辞書や事典を利用して調べる活動を取り入れるなど，調べる習慣が身に付くようにすること。

ウ　第3学年におけるローマ字の指導に当たっては，第5章総合的な学習の時間の第3の2の（3）に示す，コンピュータで文字を入力するなどの学習の基盤として必要となる情報手段の基本的な操作を習得し，児童が情報や情報手段を主体的に選択し活用できるよう配慮することとの関連が図られるようにすること。

エ　漢字の指導については，第2の内容に定めるほか，次のとおり取り扱うこと。

（ア）学年ごとに配当されている漢字は，児童の学習負担に配慮しつつ，必要に応じて，当該学年以前の学年又は当該学年以降の学年において指導することもできること。

（イ）当該学年より後の学年に配当されている漢字及びそれ以外の漢字については，振り仮名を付けるなど，児童の学習負担に配慮しつつ提示することができること。

（ウ）他教科等の学習において必要となる漢字については，当該教科等と関連付けて指導するなど，その確実な定着が図られるよう指導を工夫すること。

（エ）漢字の指導においては，学年別漢字配当表に示す漢字の字体を標準とすること。

オ　各学年の（3）のア及びイに関する指導については，各学年で行い，古典に親しめるよう配慮すること。

カ　書写の指導については，第2の内容に定めるほか，次のとおり取り扱うこと。

（ア）文字を正しく整えて書くことができるようにするとともに，書写の能力を学習や生活に役立てる態度を育てるよう配慮すること。

（イ）硬筆を使用する書写の指導は各学年で行うこと。

（ウ）毛筆を使用する書写の指導は第3学年以上の各学年で行い，各学年年間30単位時

間程度を配当するとともに，毛筆を使用する書写の指導は硬筆による書写の能力の基礎を養うよう指導すること。

（エ）第1学年及び第2学年の（3）のウの

（イ）の指導については，適切に運筆する能力の向上につながるよう，指導を工夫すること。

(2) 第2の内容の指導に当たっては，児童がコンピュータや情報通信ネットワークを積極的に活用する機会を設けるなどして，指導の効果を高めるよう工夫すること。

(3) 第2の内容の指導に当たっては，学校図書館などを目的をもって計画的に利用しその機能の活用を図るようにすること。その際，本などの種類や配置，探し方について指導するなど，児童が必要な本などを選ぶことができるよう配慮すること。なお，児童が読む図書については，人間形成のため偏りがないよう配慮して選定すること。

3　教材については，次の事項に留意するものとする。

(1) 教材は，第2の各学年の目標及び内容に示す資質・能力を偏りなく養うことや読書に親しむ態度の育成を通して読書習慣を形成することをねらいとし，児童の発達の段階に即して適切な話題や題材を精選して調和的に取り上げること。また，第2の各学年の内容の〔思考力，判断力，表現力等〕の「A話すこと・聞くこと」,「B書くこと」及び「C読むこと」のそれぞれの（2）に掲げる言語活動が十分行われるよう教材を選定すること。

(2) 教材は，次のような観点に配慮して取り上げること。

ア　国語に対する関心を高め，国語を尊重する態度を育てるのに役立つこと。

イ　伝え合う力，思考力や想像力及び言語感覚を養うのに役立つこと。

ウ　公正かつ適切に判断する能力や態度を育てるのに役立つこと。

エ　科学的，論理的に物事を捉え考察し，視野を広げるのに役立つこと。

オ　生活を明るくし，強く正しく生きる意志を育てるのに役立つこと。

カ　生命を尊重し，他人を思いやる心を育てるのに役立つこと。

キ　自然を愛し，美しいものに感動する心を育てるのに役立つこと。

ク　我が国の伝統と文化に対する理解と愛情を育てるのに役立つこと。

ケ　日本人としての自覚をもって国を愛し，国家，社会の発展を願う態度を育てるのに役立つこと。

コ　世界の風土や文化などを理解し，国際協調の精神を養うのに役立つこと。

(3) 第2の各学年の内容の〔思考力，判断力，表現力等〕の「C読むこと」の教材については，各学年で説明的な文章や文学的な文章などの文章の種類を調和的に取り扱うこと。また，説明的な文章については，適宜，図表や写真などを含むものを取り上げること。

NOTE

NOTE

NOTE

NOTE

NOTE

執筆者紹介

高木《たかぎ》　徹《とおる》　中部大学 現代教育学部 教授

小学校　国語科教育法ノート

2011年4月1日　第1版　第1刷　発行
2014年4月1日　第2版　第1刷　発行
2017年4月10日　第3版　第1刷　発行
2020年4月10日　第4版　第1刷　発行
2025年3月31日　第5版　第1刷　印刷
2025年4月10日　第5版　第1刷　発行

著　者　高木　徹
発行者　発田和子
発行所　株式会社　学術図書出版社
〒113-0033　東京都文京区本郷5丁目4の6
TEL 03-3811-0889　振替　00110-4-28454
印刷　三松堂印刷（株）

定価は表紙に表示してあります.

ISBN978-4-7806-1336-0　C3037